寧靜致遠

富蘭克林的人生守則

高飛飛——著

品格高尚是一生的財富

人生的快樂在於自己已經擁有的，
而非自己想像的、渴求的、心裏想要的。

決心和堅毅才是使工作完成的關鍵。
如果一個人想成功，必須有堅持到底的決心。

導言

世界上沒有天生的偉人，也沒有天生的笨蛋。人之所以成爲偉大的人物，都有其成功蹤跡可尋；反之，人之所以淪爲平庸低下，亦有其謬因可溯。作爲美國的政治家、外交家、著述家、科學家、發明家而聞名於世，並在各個方面都顯示出卓越才能的世界偉人——班傑明．富蘭克林，一生的傳奇經歷告訴我們：一個人要想有所成就，首先必須是一個有修養、善自律、道德高尚的人。綜觀古今中外，一個領袖人物、一個傑出人物，乃至一個有所作爲的人，他們的道德品質比之他們純粹的智慧結晶，對於人類、對於社會，也許具有更巨大的意義。富蘭克林在這方面絕對堪稱與世長存的典範。

一、偉人傳奇的一生

富蘭克林是美國的開國元勛之一，參與起草了舉世聞名的美國《獨立宣言》，他創立了美國民主黨、創立了議員近斂選舉法，他幾次當選爲美國賓夕法尼亞州的州長，他最先組織消防廳、組織道路清掃部，他還創立了近代的郵信制度，他還是美國第一位駐外（駐法國）大使；他還是美國的第一位學者、第一位哲學家，是政治漫畫的創始人，美國最早的警句家。他是美國第一流的新聞工作者，制訂出《新聞傳播法》，製造了商業廣告，想出了廣告用插圖。他是英語發音的最先改革者，是《簡易英語祈禱書》的作者，是出租文庫的創始人。

在自然科學領域，他是美國第一位發明家，他發現了墨西哥灣的海流，最先解釋清楚北極光，最先繪制出暴風雨推移圖，最先提議夏季作息時間；他發明了兩塊鏡片的眼鏡，富蘭克林式戶爐，以及口琴、搖椅、路燈，設計出夏天穿的白色亞麻服裝；他發現了電和放電的同一性，發明了避雷針；他還被稱爲近代牙科醫術之父，發現了感冒的原因，發現了人呼出的氣體的有害性，創造了換氣法；他最早向美國介紹了黃柳和高粱；發明了顆粒肥料；他還是很有名的游泳選手、印刷工人、印刷商、製造商……

一個人怎麼可能在如此之多的領域，取得如此傑出的成就？這簡直是不可思議的奇蹟！然而這一切都是眞的。

班傑明・富蘭克林於一七〇六年一月十七日出生在北美波士頓牛乳街的一個普通家庭，是肥皂與臘燭製造商喬西亞・富蘭克林最小的兒子。富蘭克林小時候就展現了領導能力，他是孩子王，又愛讀書。由於對文學的興趣，在十二歲時，他就進入了哥哥詹姆斯開設的印刷廠當學徒。由於不滿意哥哥的管理，幾年以後，他離開哥哥的工廠，轉入費城另一家印刷廠工作。

不久以後，富蘭克林自己在費城開設了一家印刷廠，大為成功。事業成功之後，他娶了黛博拉・李德為妻。此後，他在全美各殖民地設立加盟印刷廠，擴展他的事業。他設立了墨水製造廠，也做紙類供應商，同時貸款給合夥人。一七四八年，當他放下印刷業的工作時，已被認為是美洲印刷業的龍頭老大。以當時印刷業在美洲殖民區傳媒的重要性而言，若說當年的富蘭克林在媒體上的地位，猶如今日的泰德・特納或魯伯特・默多克，並不為過。

從印刷業退出之後，富蘭克林開始在公共事務上投入更多的精力，費城最早的公共圖書館、消防隊、醫院、民眾、巡夜制與大學的設立，他都參與其中；並將影響力擴及到國際事務，代表費城前往英格蘭解決稅務問題。

後來，富蘭克林從事了電的實驗。一七五九年，蘇格蘭的聖安德魯斯大學授予他榮譽博士學位。他在英國議會的言行舉止，使他在美國獨立戰爭前，被指派為好幾個區域的殖民首長。隨著稅務衝突日益嚴重，戰爭一觸即發，英國政府更常請富蘭克林代表談判。但英國人對他的人身攻擊，卻使他變成激烈的獨立分子，並資助「大陸會議」的活勁。在富蘭克林出任駐法大使期間，他從法國國王路易十六那裡籌集到獨立戰爭的經費，從而大大有助於獨立戰爭的進程。

一七八五年，富蘭克林返回費城，成爲制憲大會的賓州代表之一。當時各州派別林立、立場各異，富蘭克林從中協調，終於締造成一部單一的、富於包容性的憲法。他在生命的最後兩年深受痛風之苦，最後一次公開的活動，是發表一篇闡明廢除奴隸制度立場的論文。他於一七九〇年去世，享年八十四歲。

班傑明・富蘭克林就這樣走完了他人生路上的八十四個春秋，靜靜地躺在教堂裡的墓穴中，他的墓碑上只刻著——「印刷工富蘭克林」。

一個來自社會底層的窮小子，靠著自己的天賦和勤奮，不懈努力、自學成才，在眾多領域都取得傑出成就，爲人類做出了巨大貢獻，其思想、發明至今仍惠及眾生，功在千秋。在班傑明・富蘭克林的身上，值得我們思考學習的地方眞的是太多太多……

二、造就富蘭克林成為一代偉人的真正關鍵

富蘭克林是一個只有兩年正規教育經歷的窮孩子，在極其艱苦的條件下，刻苦拼搏，終於成爲一代偉人。除去其勤奮努力的學習精神外，富蘭克林嚴格的自律和克己修身，是助他

成爲一代偉人眞正的關鍵。

後人從富蘭克林的日記中發現，在一七三八年，也就是富蘭克林三十二歲時，他爲自己制定了十二項用以修身自律的人生信條。富蘭克林正是堅持遵守並身體力行這些修身自律的人生信條，從而使自己成爲受人尊重和讚賞的一代美德大師。據說那一年，他想到了一個艱巨且無人做過的計劃：如何讓自己的人格更完好，他希望自己任何時候都不犯錯誤。他有心要戰勝自己的缺點，不論是個人狹隘的偏好，或是同伴所引發的不良行爲。他開始覺悟到壞的習慣必須打破，好的習慣必須培養和建立，這樣才能讓思想與行爲一致。富蘭克林說：「大約在這個時期，我做了一個勇敢而艱巨的決定——走向道德的完美。我期望我的一生任何時候都不再犯錯。不論來自自然傾向、習俗或伙伴，只要是不良影響，我都要克服。只要我知道——或自以爲知道——什麼是對的，什麼是錯的，我就去做對的，避免錯的。」

因此，富蘭克林列出了十二項做人原則，作爲自我要求的依據和修身自律的人生信條。他同時在每一個信條後補充了一條格言，代表他對每一信條的領悟。

這十二項原則如下：

第一項，節制——欲不可太強，求不可太多；

第二項，沉默——避免無聊閒扯，言談必須對人有益；

第三項，秩序——生活物品要放置有序，工作時間合理安排；

第四項，決心——要做之事就下決心去做，決心做的事一定要完成；

第五項，節儉——不得浪費，任何花費都要有益，不論是於人於己；

第六項，勤勉——珍惜每一刻時間，去除一切不必要之舉，勤做有益的事；

第七項，誠懇——不使用欺騙手段，考慮事情要公正合理，說話要依據眞實情況；

第八項，公正——不得損人利己，履行應盡的義務；

第九項，中庸——避免任何極端傾向，盡量克制報復心理；

第十項，平靜——戒除不必要的煩惱，即那些瑣碎、常見的和不可避免的不順利的事情；

第十一項，純潔——淨化思想和靈魂，拋棄一切玷污美德和心靈的東西，不毀損自己或他人的名譽。

第十二項，謙遜——擯棄驕傲與自滿，讓心胸像大海一樣容納百川。

富蘭克林的目的，是將這些信條培養成好習慣，他的方法是在某一段時間裡，只專注於一項信條的修煉。當把這一項信條變成習慣後，再對另一項信條加以培養。如此長久地進行下去，直到他能全部實踐十二條信條爲止。

富蘭克林設計了一個本子，每頁都有十二項信條的項目，而另一邊則是以「天」爲單位的記載，每周專注於一種信條，盡量不要在該信條上犯錯，而如果有其他信條的失誤，就必須在該信條上註記「☆」號。如下頁圖所示：

這十二條信條，富蘭克林一生始終不渝地堅持，也正因如此，才成就了他偉大輝煌的一生。

三、偉人不是人人都能當，但偉人的美德卻是人人都可以學

富蘭克林的傳奇人生經歷，不知激勵過多少代人，其嚴格的修身自律信條，也不知有多少人逕行效仿。青年人都希望學習富蘭克林成功的秘訣，他們甚至把富蘭克林作爲人生指導的「美德大師」。的確，在今天物欲極度膨脹的社會裡，各種形形色色的誘惑，時時都在覬覦著我們美好的品德，假使你稍不留心，就有可能將整個美好的人生湮沒。在現實社會中，一個人若想在這紛繁複雜、物欲橫流的環境中，不爲利欲誘惑，不被污濁侵蝕，不與邪惡同流，就必須加強自身內功的修煉，使自己成爲一個道德高尚、品質優良的人。因爲這些是一個人走向成功的首要條件，沒有哪一個道德敗壞、毫無修養的人，會成爲眞正的成功者。修

	周日	周一	周二	周三	周四	周五	周六
節制					☆	☆	
沈默	☆	☆		☆	☆		☆
秩序		☆☆		☆		☆	
決心		☆	☆	☆			
節儉	☆		☆				
勤勉		☆		☆	☆		
誠懇			☆☆			☆	☆
公正		☆		☆	☆		
中庸	☆	☆		☆			
平靜		☆	☆				
純潔				☆☆		☆	☆
謙遜	☆☆		☆		☆		

養，是抵制一切有損美德東西的護身符。現在，良好的品行修養比以往任何時期都更加彌足珍貴。

爲此，我們以富蘭克林的十二項修身自律的人生信條爲基點，結合現今時代要求，適應讀者精神需要，在其原信條的基礎上，進行改編和深度挖掘、解讀，精心策劃編寫了《富蘭克林的人生信條》。這本書力求讓讀者在偉人的鞭策激勵下，不斷修煉自身的美德品質，使自己成爲一個有道德、有修養的人。

富蘭克林是一代偉人，當然，偉人不是每個人都能當的，但是偉人的美好品德卻是人人都可以學習的。

目錄

信條1 誠懇

不使用欺騙手段，考慮事情要公正合理，說話要依據真實

信條2 公 正

不得損人利己，履行應盡的義務

信條3 中 庸

避免任何極端傾向，儘量克制報復心理

信條4 平 靜

戒除不必要的煩惱，即那些瑣碎、常見的和不可避免的不順利的事情

信條5 純 潔

淨化思想和靈魂，拋棄一切玷污美德和心靈的東西

信條6 謙遜

摒棄驕傲與自滿，讓心胸像大海一樣容納百川

第一條 誠懇

PART 01

不使用欺騙手段，考慮事情要公正合理，說話要依據眞實情況

人人都要有良知。有良知的人才會有良好的行爲。我想在一切場合都努力講眞話，使自己的每一言行都做到誠實，不使任何人對不可能實現的事情空抱怨恨。說起任何人，都不可以用輕蔑的語氣，無論他是國王還是奴隸。

1. 高尚的品質是一生的財富

「去吧，孩子，我把你交給上帝了。」阿伯德．卡德的母親給了他四十枚銀幣，又讓他發誓任何時候都不撒謊，「孩子，在接受上帝的審判之前，我們可能沒有機會見面了。」

這個年輕人外出賺錢去了。幾天之後，他遇到了強盜。

「你身上有錢嗎？」一個強盜問他。

「有四十塊銀元縫在我的外套裏面。」阿伯德．卡德老老實實地回答。

強盜們哈哈大笑，沒有人相信他的話，因爲他過於誠實了。另一個強盜惡狠狠地問：

「你身上到底有多少錢？」

誠實的孩子把剛才的話重複了一遍，還是沒有人相信他。

「過來，孩子。」強盜頭子說，「告訴我，你身上到底有沒有錢？」

「我已經說過了，我的外套裏縫著四十塊銀元。」

「把他的外套掀起來。」強盜頭子命令道。

那些銀元馬上就被搜了出來。

「你幹嘛不打自招呢？」強盜們問他。

「因爲我不能背叛我的母親，我向她發過誓——永遠都不撒謊。」

強盜們聽到這話，心頭一震。強盜頭子對他說：「孩子，你小小年紀，卻如此守信用，我們這些鬍子拉碴的傢伙，卻在違背小時候對上帝許下的諾言。來，把你的手伸過來，我要握著你的手重新發誓！」他照他說的做了，其他強盜也被深深打動了。

「作起案來，你是我們的頭，」一個嘍囉說，「要是走正道，你也是我們的頭。」那人也握住男孩的手，像他的首領那樣重新發誓。這些人一個接一個地對上帝重新發了誓，而站在他們面前的是一個小孩。

高尚的品質即便從一個孩子身上表現出來，也會對周圍的人產生積極的影響。它不一定像《天方夜譚》中的奇蹟那麼驚人，但仍然具有感染力。

當一個人的所有性格特徵和承諾一樣莊嚴神聖時，就會發現，他的一生擁有比他的職位和成就更偉大的東西，比獲得的財富更重要，比天才更偉大，比美名更持久。

如果一個年輕人一開始就有堅定的意志，一諾千金；如果他把聲譽看作是無價之寶，覺得全世界都在注視著他，而不能說一句謊話；如果他在人生之初就有這樣的立場，那麼他會最終獲得無上的聲譽，獲得所有人的信任，成爲一個高貴的人。

如果一個人戴著面具、過著虛僞的生活，或者從事不正當的職業，他將受到自己內心的嘲笑，他會產生對自己的鄙視。他的良心會不住地拷問靈魂：「你是一個欺騙者，你不是一個正直的人。」這不僅敗壞了他的靈魂，而且削弱了他的力量，使他喪失自尊和自信。

一個本來相當能幹、心理健康、受過良好教育的人，爲了滿足自己膨脹的物欲，不惜製造陰謀，運用各種欺騙性手段壓制別人，或者玩弄手腕擺佈別人，看到這樣的人由好變壞，眞是非常遺憾！

在你準備犧牲崇高的品格來謀取私利時，讓你那發自心底的最強聲音不斷地提醒你。這對塑造自己的性格、保持健康積極的心態，不啻爲一劑良藥。雖然一個人的行動非常詭秘，可謂神不知、鬼不覺，但是在做了卑劣的事之後，還想保持正直的品格，那根本不可能。

著名作家愛德華．黑爾說，他在哈佛學習的時候十分幸運，能夠師從班傑明．皮爾斯四年。他說：「我永遠也不會忘記，我周圍的二十個同學也永遠不會忘記我們那天所經歷的事情。一個學生在學科測試時，用了他在家裏提前寫好的東西。他私下告訴了同學們，但他的欺騙行爲不小心被揭穿了。皮爾斯教授立刻停止了那一堂商業數學課。先生臉色蒼白地告訴我們，一定要誠實，聲音裏充滿正氣。他告訴我們，學習的目的就是爲了追求眞理，雖然這條道路困難重重，但最終有人會幸運地發現眞理。而這個學生卻在弄虛作假。在眞理的殿堂裏弄虛作假、以假亂眞！我們追求的是眞理！我們二十個人一生一世也不會忘記先生那怒斥虛假的話語。」

「除非你覺得一項工作值得去做，否則不要在工作合同上簽上你的名字，」參議員喬治·霍爾在一次對學生的演講中說，「寧可放棄工作，也不要讓雇主強迫你去做你明知是錯誤的事情。這裏有一個很好的例子。洛威爾城建在梅里馬克河邊，因而需要建水壩和運河來蓄水。當時美國沒有合格的工程師來做這樣的工作。於是，他們請一個名叫法蘭西斯的英國年輕人來做。他仔細地查看了已經完工的工程後發現，六十年前，這裏曾經發過一次大洪水。他去找公司的負責人，說：『先生，你必須重建洛威爾城和已完工的工程。』公司的負責人回答說：『我們不能那樣做。我們已經花費了巨大的投資，我們只能冒險試一把。』『如果是這樣，那麼我現在就辭職，先生。』法蘭西斯回答說。公司負責人受到了震動，後來他們重新考慮了法蘭西斯的建議，並且在法蘭西斯的指導下，重新修建了工程。一年後，一場洪水爆發了，這個小鎮和相關的建築工程經受住了考驗，安然無恙。如果沒有重建，這場洪水極有可能會讓這個小鎮從地球上消失。這是一個教訓，讓我們記住它吧！」

全力以赴、力求完美的精神，對人生的影響無可估量。

失之毫釐，謬以千里。平庸和優異、一般和最好之間，存在著巨大的差別。無論是在思想上，還是在日常的生活中，無論爲莊稼鋤草，還是爲國家立法，始終嚴格要求，我們就會有一種向上的精神。這是意志薄弱、目光短淺的人所缺少的品格。只要對自己所做的一切精益求精、頑強奮鬥，終究會磨煉出超人的才華，激發出那潛在的高貴品質。

這種力求完美的精神，主宰了心靈、滲透進個性中，會影響一個人的行爲和氣質。做事臻於完美的人，有一種寧靜致遠的氣質，他不會輕易放棄堅守的信念；他無所畏懼，敢於面對這個世界，因爲他問心無愧、與虛假無緣，他已竭盡全力、力求至善。

這些品質將給你一種自我實現的滿足感。那些三心二意、作風散漫的人，永遠不會體會到。當一個人因爲能把一件事做得盡善盡美而激動不已時，當一個人心安理得地欣賞著自己的所作所爲時，這是一種眞正的快樂、眞正的成功！這種成就感，能夠促使你的各種才能得到最完滿的發揮。它會激發你的心智、陶冶你的情操、增強你的體質。這就是成長，一種智力的增長和心胸的擴展，會給你用言語無法形容的幸福感。

我們所做的事可能爲世人所矚目，也可能無人知曉，但這沒有什麼不同。完成一項工作會受到良知的讚揚；如果半途而廢、敷衍了事，會受到良知的譴責。當然，有可能是這樣一種情況：儘管失敗了，仍然會贏得掌聲。然而，一個人必須認識到，有一種東西比他人的掌聲更重要、比他人的贊同更寶貴，那就是「自尊」。如果失去自尊，那麼何談尊重他人呢？

但是，如果我們沒有嚴格要求自己、做事漫不經心，長此以往，自我譴責的良知就會逐漸泯滅，然後，馬馬虎虎地工作，養成了懈怠的習慣。雖是不經意的自我放任，卻助長了壞習慣的形成。良知泯滅、尊嚴喪失。習慣敷衍了事而不會感到良心不安。如果這個習慣沒有得到糾正，慢慢就會失去了堅定的意志，日漸頹廢。所做的每一件事都不再追求完善，或者說，缺少了精益求精的精神。懈怠的行爲助長了不誠實的態度。老闆在場時發奮工作，老闆離開後粗製濫造、消極怠工。實際上，這就是一種不誠實的行爲。

如果你在工作之初就下定決心，一定要出色地完成每一項工作，絕不半途而廢，就會全身心地投入工作。

追求卓越，永無止境。

只要永遠渴望進步，嚮往更高、更快、更好，機會將永遠伴隨著你。沒有什麼能阻擋你的腳步。

2.要用自己的誠懇贏得人心

富蘭克林說：「用誠懇可以贏得人心。」每個人都渴望得到眞誠，只要你城懇地對待別人，你就可以贏得人心。

在美國歷史上最得民心的總統，林肯可以說是名列前矛。很多人研究林肯的魅力，用一位沒有任何背景、外表不但不出色，還有些奇怪的窮律師的話來說，爲什麼他會那麼受到人民的愛戴呢？因爲他知道「用誠懇贏得人心」。

「用誠懇贏得人心」是他成功的主要原因之一。

林肯剛剛當選總統的時候，有一天，接到一個小女孩的來信，信裏寫著：「總統先生，您好，我的名字叫葛麗絲，住在紐約州的西費爾德村，我寫這封信給您，是想建議您留鬍子。如果您留鬍子，相信一定會變得很英俊。」

林肯在百忙之中給這個小女孩寫了回信：「葛麗絲，你好，很高興收到你的來信，我很希望採納你的意見留起鬍子。可是剛選上總統，這樣一來，可能會有許多選民不認識我了。」

過了幾天，林肯又接到了小女孩的來信：「總統先生，我看過您的照片，實在是太嚴肅了，留起鬍子看起來就會好些了。我相信別的女孩和我一樣，對一位沒有鬍子的總統，會覺得很害怕。」

後來，當林肯由伊利諾州搭乘火車到華盛頓就職時，特別讓火車在西費爾德村停下來，林肯站在火車尾端的車臺上，對蜂擁而至、來看新總統的民眾高呼：

「有一位名叫葛麗絲的女孩住在這裏，她曾經寫信給我，如果她在的話，請她站出來好嗎？」

一位興奮得滿臉通紅的小女孩，驚喜地捂著嘴走了出來。

女孩大聲說：「總統先生，我在這裏！」

「嗨！葛麗絲，」林肯彎下腰，由欄杆間伸出手去握住女孩的小手，並且說：「你看，我特別爲你留了鬍子，是不是比較英俊呢？」

葛麗絲開心地回答道：「總統先生，你是我所見過的最英俊的總統。」

損人利己是條不通的道路，大家都知道不可以走。

想要做到利人又利己，需要有寬大的胸懷，以及看得很遠的眼光，否則往往是把「利」

往自己的身邊拉，看到近處的大餅，卻瞧不見遠處的金山。

懂得誠懇做人的人會往遠處看，眼光看得遠，儘量先「利人」。財富容易縮水，但是智者所積得的財富，是可以讓三代都吃不完的無價之寶——聲望名譽。林肯就是這麼一個人。

說到誠懇，有些年輕人會懷疑。對女朋友說出自己的過去是錯誤的？有很多專家也建議，能夠不說，就不要說，以免破壞感情。但是任何事情都有正反面，只看會不會運用。

對女友「坦白」過去，如果是在剛開始遇到的時候就這樣做，給對方一個選擇的權利，那個時候她做的抉擇會是理性的。當他喜歡上你後，再對她「坦白」過去，她可能反而因為你的坦白，而認為你很可貴。

有些男性躲躲藏藏的，到了雙方感情很深的時候，不小心讓對方發現了自己的過去，讓她有受騙上當的感覺，感情自然就無法和諧。

很多人在交朋友的時候「坦白」自己的私事，是為了使雙方的感情獲得平衡。兩個交情原來有段距離的同學，其中一位忽然對另一位說出自己家中的不幸，兩人有了共同的秘密，成了親密好友。

一位平日很驕傲的女性主管，忽然有一天情緒失控，向另一位同事傾訴心中的不愉快，使得原來對她敬而遠之的同事向她靠攏。

由於她的坦白，讓兩人站在平等的地位，自然就容易成爲朋友了。誠懇地坦白出自己的負面或私事，就容易找著感情的平衡，讓人感覺你對他的信賴，他自然也會產生出同樣的反應信賴你。

當然，這種坦白還是要有前提，那就是那人的本性很誠懇、實在，否則，你的一番坦白，第二天可能就會傳遍天下。

把自己腦袋裏的資訊灌輸一些到對方的腦袋中去，使得雙方的認識達到平衡狀態，那麼溝通就會變得很容易。一旦溝通得很好，感情自然也就會交流了。

富蘭克林強調：誠懇是一個人所有美德中的最佳閃亮點，具有了誠懇的品質，自然就會向高尚的群體邁進一大步。

3.做一個正直誠實的人

正直和誠實是人格中的最重要組成部分，在一定程度上來說，正直即誠實，誠實即正直。譬如說，撒謊是由於撒謊者不誠實，撒謊本身是一種不正直的行爲。一個人不敢講眞話，他的話是不可信的，他本人也是得不到別人的尊重和信任的。

富蘭克林就是一個正直誠實的人。關於「正直」，他曾經這樣解釋過：「一個正直的人，他不會心口不一，想一套、說一套——因爲實際上他不可能撒謊；他也不會表裏不一，說一套、作一套——這樣他不會違背自己的原則。我堅信，正是由於沒有內心的矛盾，才給了一個人額外的精力和清晰的頭腦，使他必然獲得成功。」

正直誠實的人，實際上意味著他有某種內在的一定的「規矩」。

正直誠實，意味著高標準地要求自己。

許多年前，一位作家在一次倒楣的投資中損失了一大筆財產，幾乎使他趨於破產。他打算用他所賺取的每一分錢來還債。三年後，他仍在爲此目標而不懈努力。爲了幫助他，一家報紙組織了一次募捐，許多人都慷慨解囊。這的確是個誘惑，因爲有了這筆捐款，意味著將結束纏人的負債生涯。然而，作家卻拒絕了。幾個月之後，隨著他一本轟動一時的新書問世，他償還了所有的債務。這位作家就是馬克·吐溫。

正直誠實，意味著有高度的名譽感。名譽不是聲譽。偉大的弗蘭克·賴特曾經對美國建築學院的師生們說：「這種名譽感指的是什麼呢？那好，什麼是一塊磚頭的名譽感呢？那就是一塊實實在在的磚頭；什麼是一塊板材的名譽呢？那就是一塊地地道道的板材；什麼是人的名譽呢？這就是要做一個眞正的人。」

正直誠實意味著具有道德感，並且遵從自己的良知。馬丁·路德·金在他被判死刑的城市，對著他的敵人說：「去做任何違背良知的事，既談不上安全穩妥，也談不上謹愼緩和。我堅持自己的立場，上帝會幫助我，我不能做其他的選擇。」正直意味著有勇氣堅持自己的信念。這一點，包括有能力去堅持自己認爲是正確的東西，在需要的時候義無反顧，並能公開反對自己確認是錯誤的東西。

正直誠實，意味著自覺自願地服從。從某種意義上說，這是正直的核心，沒有誰能迫使一個人按高標準要求自己，也沒有誰能強迫一個人獻身，更沒有誰能勉強一個人服從自己的良知。然而，不管怎樣，一位正直誠實的人是能堅守自己的良知的。

二戰期間，一位美國陸軍上校和他的吉普車司機轉錯了彎，遇上了一個德軍的武裝小分隊。兩個人跳到車外，都隱藏起來。中士躲在路邊的灌木叢裏，上校則藏在路下的水溝中。德國人發現了中士並向他的方向開火。上校本來很容易不被發現的。然而，他卻寧願跳出來還擊——用一把手槍對付幾輛坦克和機關槍。結果他被殺害了。

這位上校爲什麼要這樣做呢？因爲他的責任心要強於他對自己安全的關心，沒有任何人能勉強他。

這一點難做到嗎？的確很難。這就是爲什麼眞正正直的人是難能可貴的、是值得欽佩的。但是從根本上說，正直所具有的無與倫比的價值，是值得人們爲此而努力的。

怎樣才能做一個正直誠實的人呢？這是找不到一個現成答案的，也許第一步就要鍛煉自己在小事上做到完全誠實。

當自己不便於講眞話的時候，不要編造小小的謊言，不要去重覆那些不眞實的流言蜚語，不要把個人的電話費用記入辦公室的賬上等等。

這些方法聽起來可能是微不足道的，但是當一個人眞正在尋求正直，並且開始發現它的時候，它本身所具有的力量就會令人折服，使人在所不辭。最終，人們會明白，幾乎任何一件有價值的事，都包含有它自身的不容違背的正直誠實的內涵。

在當今的社會中，那些前途遠大的人所面臨的競爭是嚴峻的。一年接著一年，企業家們苦心研究年輕人在學校裏的成績，審查他們的申請，爲符合理想的人們提供特殊優越條件。然而，他們實際上尋求的是什麼呢？大腦？精力？實際能力？肯定這一切都是需要的。但這些只能使一個人獲得某種程度的成功，如果他要攀上高峰，擔當起指揮和決策的重任，那麼還必須加上一個因素。有了它，一個人的能量可以發揮出雙倍、三倍的效力。這一奇跡般的因素，就是正直誠實的品格。

這就是萬無一失的秘方嗎？是的，正是因爲它與人的聲望、金錢、權力以及任何世俗的衡量標準毫不相干——如果一個人追求它並且發現了它的眞諦，就一定是一個成功的人。

正直誠實的品性，是時代成功者的優良品格，做一個正直誠實的人，本身就是成功者的寫照。通過自己哪怕一點點的實際行爲，揩拭積澱在正直誠實品性上的世俗塵垢，讓人性的正直、誠實之光綻放出溫煦的光輝，驅散人性的陰霾。

英國《泰晤士報》總編輯西蒙·福格，每年的五、六月都要接到一些大學的請帖，要他去做擇業、就業方面的演講，因爲他曾在尋找職業方面創造過神話。

那是他剛從伯明罕大學畢業的第二天，他爲了尋找職業而南下倫敦，走進《泰晤士報》總經理辦公室，問：「你們需要編輯嗎？」、「不需要。」

「記者呢？」、「也不！」

「那麼排字工、校對員呢？」、「不，都不。我們現在什麼空缺都沒有。」

「那麼，你們一定需要這個。」福格從包裹掏出一塊精緻的牌子，上面寫著：「額滿，暫不雇用。」

結果，福格被留了下來，幹報社的宣傳工作。二十五年後，他已升至總編輯的位置。這一美談見報後，福格就成了各大學的座上賓，每年在學生畢業前，給學生做擇業方面的報告。

然而，每次演講，他對他的這一經歷總是避而不談。他講的最多的是一位護士的故事。

他說他認識一位護士，這位護士剛從學校畢業，在一家醫院做實習生，實習期一個月。在這一個月內，如果能讓院方滿意，她就可以正式獲得這份工作；否則，就得離開。

一天，交通部門送來一位因車禍而生命垂危的人，實習護士被安排做外科手術專家——該院院長亨利教授的助手。複雜艱苦的手術從清晨進行到黃昏，眼看患者的傷口即將縫合，這位實習護士突然嚴肅地盯著院長說：「亨利教授，我們用的是十二塊紗布，可是你只取出了十一塊。」「我已經全部取出來了。一切順利，立即縫合。」院長頭也不抬，不屑一顧地回答。

「不，不行。」這位實習護士高聲抗議道：「我記得清清楚楚，手術中我們用了十二塊紗布。」

院長沒有理睬她，命令道：「聽我的，準備縫合。」

這位實習護士毫不示弱，正直誠實使她幾乎大聲叫起來：「你是醫生，你不能這樣做。」直到這時，院長冷漠的臉上才露出欣慰的笑容。他舉起左手握著的第十二塊紗布，向所有的人宣佈：「她是我最合格的助手。」這位實習護士理所當然地獲得了這份工作，並在以後的工作中取得了令人矚目的成就。

西蒙眞是聰明而又用心良苦，他之所以不講自己的經歷，而說那位實習護士，是因爲他明白，在尋找工作方面，僅有敏銳的頭腦是不夠的，更重要的是還要有正直誠實的品性。小到一個單位、大到一個國家，眞正需要的往往是後者。

富蘭克林告誡青年：正直誠實的品性總是爲眞正的睿智者和成功者所推崇。

4.攤開雙手講話，會讓別人感覺你很坦率

富蘭克林認為：當人們開始說心裏話或說實話時，總是把手掌張開顯示給雙方，像大多數體態語言一樣，這一舉止有時是無意識的，有時是有意識的，它都使人感到或預感到對方將要講眞話。相反，小孩在撒謊或隱瞞眞情時，總是將其手掌藏在背後。當夜晚與夥伴們玩耍通宵方歸的丈夫，不願對妻子說他的去處時，常常將手插在口袋裏，或兩臂相抱將手掌藏起來，而妻子則可以從丈夫隱藏的手掌上，感覺到丈夫在隱瞞實情。

有趣的是，大多數人發現，攤開手掌時不僅不容易說謊，而且還有助於制止對方說謊，並且鼓勵對方坦誠相待。

有史以來，張開雙手攤平，一直與眞實、誠懇、忠誠及服從的概念聯繫在一起。

安妮想開一家時裝店，她對時裝情有獨鍾。開時裝店需要很大一筆錢，但她手裏的積蓄連租門面都不夠，她找到好友賽芬商量。賽芬見安妮興趣很高，不想潑她的冷水，打開保險櫃，拿出了所有的現金和信用卡，攤開雙手，對安妮說道，「喏，就這些了，夠不夠？」

「OK，夠了夠了！太謝謝你了，賽芬！」

在賽芬的支持下，安妮的時裝店順利地辦成了。開張那天，賽芬來祝賀，安妮一見賽芬，激動地攤開雙手，笑著說道：「哈羅！真誠地歡迎你，賽芬！」

兩位好友緊緊擁抱在一起。

安妮的服裝店生意很紅火，但安妮卻沒有歸還賽芬的錢。賽芬因沒有大用，也沒有找安妮要。大約一年左右，賽芬的姨媽住院，需要一大筆錢做手術。賽芬和姨媽感情很好，自然不會袖手旁觀，賽芬就找到安妮。她委婉地說明了來意。安妮的態度卻有些曖昧，推說店裏生意不好，沒賺到錢。

賽芬見安妮的店裏客來人往，只一人就做成了幾筆生意，她雙手攤平，問安妮道：「真是這樣的嗎？」

安妮一見賽芬這手勢，想起當初賽芬幫助她的情景，臉一下子就紅了，把錢還給了賽芬。現在兩人關係一直相處得很好！

從這則故事人們可以看出，雙手攤平，表示坦誠、真實，同時也能鼓勵對方坦誠相待。在生活中，人們不妨也經常將雙手攤平，多給他人以坦誠，這樣，在任何人心目中的形象都一定是美好的。

美國的一位心理學家斷言：「判斷一個人是否坦率與眞誠，最有效的、最直觀的方法，就是觀察其是否雙手攤開。」當人們願意表示完全坦率或眞誠時，就向人們攤開雙手，說：「沒有什麼値得隱瞞的，讓我坦率告訴你吧。」

5.眞誠坦率不等於沒有彈性

富蘭克林認爲：眞誠坦率是一個人良好的品行反映，它能爲自己贏得信任的目光，和博得恒久的尊重。但是，眞誠坦率一旦遇到了特殊的場合或環境，就一定要有所修飾或見機行事，不能一味地直白表露，因爲坦率眞誠是需要有彈性的。

美國青年加里瑟一直認爲自己在理智地選擇朋友。他最不屑於與那些虛僞做作、口是心非的人攀談。

一次，他去外地參加一個筆會。有一位作者爲人坦蕩、性格豪爽，說一不二，認準一個方向絕不回頭。這自然是一個可以結交的朋友。但幾天相處，大家都感到與他在一起很尷尬。比如他坦蕩得無所拘束，什麼粗話都說得出口，豪爽得不拘小節，把沒洗過的腳擱在桌面上。與他交談，從來沒有商量妥協的餘地。他說話辦事不看場合，不理解對方的難處，一句話就可以把對方說得跳起來。後來，眾人只能對他敬而遠之，遠而避之。

加里瑟爲此困惑：人們不是一直提倡眞誠坦率嗎？爲什麼與這位眞誠坦率的朋友無法相

處呢？原來，人類要生存、要進取，就不能隨心所欲，就要懂得和認識世界的複雜性。只有不斷地鍾煉自己的性格，不斷認識自我和適應環境，才能做出有益於朋友、有益於社會的事情，從而成為大家歡迎的人。

加里瑟終於明白了：眞誠坦率是指一個人本質的內涵，在具體問題上，人們應該有彈性、有度。

誠然，在當今複雜多變的社會中，青年人崇拜瀟灑、熱愛眞誠，這是値得鼓勵的。但也正是因爲當今的社會比以往任何時候都更具複雜性，所以瀟灑與眞誠都是有條件的。

人們對朋友可說眞話、直露肺腑、傾心交談，但並不是對一切人，而且說眞話也要看場合。記住：眞誠坦率不等於沒有彈性！

6.能獲得他人的信任，是你良好品行的有力證明

富蘭克林曾指出：如果一個人憑著自己良好的品性，能讓人在心裏默認自己、認可自己、信任自己，那麼自己就有了成就大事業的資本。

一個年輕人如果希望聞名世界、流芳百世，他首先要獲得別人對他的信任。一個人如果掌握了獲得他人信任的方法，眞要比獲得萬千財富更足以自豪。

但是，眞正懂得獲得他人信任的方法的人眞是少之又少。大多數的人都無意中在自己前進的康莊大道上，設置了一些障礙，比如有的人態度不好，有的人缺乏機智，有的人不善於待人接物，常常使一些有意和他深交的人感到失望。

有些年輕人開始經商時，常常有這樣的看法，即認爲一個人的信用是建立在金錢基礎上的：一個有錢的人、有雄厚資本的人，就有信用。其實這種想法是不對的。與百萬財富比起來，高尚的品格、精明的才幹、吃苦耐勞的精神要高貴得多。

任何人都應該努力培植自己良好的名譽，使人們都願意與你深交，都願意竭力來幫助

你。一個明智的人一定要把自己訓練得十分出色，不僅要有獨特的本領，爲人也要做到十分誠實和坦率，在決策方面要培養起堅定而迅速的決斷力。

有很多銀行家非常有眼光，他們對那些資本雄厚但品行不好、不值得人信任的人，絕不會放貸一分錢；而對那些資本不多，但肯吃苦、能耐勞、小心謹愼、時時注意商機的人，他們則願意慷慨相助。

銀行信貸部的職員們在每次貸出一筆款子之前，一定會對申請人的信用狀況研究一番：對方生意是否穩當？能否成大事？只有等到覺得對方實在很可靠、沒有問題時，他們才肯放貸。

任何人都應該懂得：人格是一生最重要的資本。要知道，糟蹋自己的信用，無異於在拿自己的人格作典當。

羅賽爾．賽奇說：「堅守信用是成大事的最大關鍵。」一個人要想贏得他人的信任，一定要下極大的決心，花費大量的時間，不斷努力。

如何獲得別人的信任呢？富蘭克林給人們提供了以下幾點借鑒：

1. 必須注意自我修養，善於自我克制，做事必須懇切認眞，建立起良好的名譽；應該隨時設法糾正自己的缺點；行動要踏實可靠，做到言出必有信，與人交易時必須誠實無欺——

這是獲得他人信任的最重要條件。

2.一個要想獲得他人信任的青年人，必須老老實實做出業績，證明他的確是判斷敏銳、才學過人、富於實幹的人。一個才能平平的人，把多年的儲蓄都拿來投資到事業上，固然是很好的事情，但如果他在某一方面有所專長，他給人留下的印象，更不知道要好多少倍。因爲在這樣一個企業和職業都專業化的時代，一個無所專長又樣樣都懂一點的人物，與那些在某一領域有所專長的人相比，總是競爭力不夠。所以，如果一個人身上有一筆最可靠的資本——在某一領域有所專長，那麼無論他走到哪裡，都將受人格外的重視。

3.要想成大事，更需要一種最可貴的資本——良好的習慣。有良好習慣的人遠比那些沾染了各種惡習的人容易成大事。世界上本來已有不少人快跨入成大事的門檻，但是因爲有一些不良的習慣，使得人家始終不敢對他抱以信任，他的事業因此而受阻於中途，無法再向前發展。那些沾染了各種惡習的人，大都自己是不清楚的，但那些與他發生交往、產生業務往來的人卻看得很清楚，因爲他們大多是很看重這些問題的。

一個人的習慣會影響到他的品格，從而影響其日後的發展。有些人原來品格優良，但後來因爲沾染了一種惡習，結果再也沒有出頭之日。很多年輕人一開始很不注意自己的習慣，覺得那只是暫時的小事。但是，久而久之，他可能會因爲一些惡習而爲人所排擠，到時候他可能會懊悔起來，開始反思：眞沒想到那樣隨便玩玩，也會成爲改不了的癖習。但是，到時再懊悔又有什麼用呢？

一個有志成大事的青年，爲了自己的前途，無論如何都要抑制不良的誘惑，在任何誘惑面前，都要堅定決心、不爲所惑，他必須永遠善於自我克制。否則，只要稍動邪念，他就可以一下毀掉自己的信用、品格。如果仔細分析一個人失敗的原因，可發現很多人是因爲有著種種不良的習慣。

查理斯．克拉克先生這樣認爲：

「很多成大事者靠的就是獲得他人的信任。但到今天，仍然有許多商人對於獲得他人的信任一事漫不經心、不以爲然，不肯在這一方面花些心血和精力。這種人肯定不會長久地發達，可能用不了多久就要失敗。我可以十分有把握地拿一句話去奉勸想在商業上有所作爲的青年人：你應該隨時隨地地去加強你的信用。一個人要想加強自己的信用，並非心裏想著就能實現，他一定要有堅強的決心，以努力奮鬥去實現。只有實際的行動，才能實現他的志願，也只有實際的行動，才能使他有所成就。也就是說，要獲得人們的信任，除了一個人人格方面的基礎外，還需要實際的行動。任何一個青年人在剛跨入社會做事時，絕對不會無緣無故立即得到別人的信任。他必須發揮出所有力量來，在財力上建立堅固的基礎，在事業上獲得發展、有所成就。然後，他那優良的品行、美好的人格總會被人所發現，總會使人對他產生完全的信任，他也必定能走上成大事者之路。社會交往中，人們最注意的，不是那個成大事者的生意是否興隆，進賬是否多；他們最注意的往往就是那個人是否還在不斷進步，他的品格是否端正，他的習慣是否良好，以及他創業的歷史、他的奮鬥過程。」

很多青年人都沒有注意到：越是細小的事情，越容易給人留下深刻的印象。

要獲得他人的信任，除了要有正直誠實的品格外，還要有敏捷、正確的做事習慣。即使是一個資本雄厚的人，如果做事優柔寡斷、頭腦不清，缺乏敏捷的思維和果斷的決策能力，那麼他的信用仍然維持不住。

一個人一旦失信於人一次，別人下次再也不願意和他交往或發生貿易往來了。別人寧願去找信用可靠的人，也不願再找他，因爲他的不守信用可能會生出許多麻煩來。

可見，能夠獲得別人的信任的確是幫助自己邁向成功的基石。從現在起，就開始提高自己的信用指數吧，只有讓人百分之百地信任自己，才能夠使自己在事業中更加遊刃有餘、左右逢源。

7. 說話應該讓別人覺得你是一個值得信賴的人

富蘭克林說：「我想在一切場合都努力講眞話，使自己的每一言行都做到誠實，而不使任何人對不可能實現的事情空抱怨恨。」一個人說話辦事讓別人覺得是個誠實的人，才會取得別人的信任。

喬治是美國一名成功的房地產經營家，其成功秘訣就在於——誠實。

他在伊利諾州剛開始從事房地產交易時，有一次帶一位買主去看森林湖區的一棟房屋。房產主曾私下告訴他說，這棟房子大部分結構都不錯，只是屋頂過於陳舊，當年就得翻修。買主是一對年輕夫婦，他們說準備買房的錢很有限，極怕超支，所以想買一處無須修葺的房子。他們看過房子後，很喜歡，馬上決定購買，並想立即搬進去住。但喬治對他們講，這座房子需要八千美元重修屋頂。

喬治知道，說出房子屋頂的眞相，會冒風險，有可能毀掉這筆交易。果然，這對夫婦一聽說要花這麼多錢來修屋頂，就不肯購買了。一星期後，喬治得知他們從另一家房地產交易所花較少的錢，買了一棟類似的房子。

喬治的老闆聽說這筆生意被人搶走，十分生氣。他把喬治叫到辦公室，問他是如何把這筆生意搞吹的。

老闆對喬治的解釋很不滿意，也不高興他爲那對夫婦的經濟條件操心。他咆哮道：「他們並沒有問你屋頂的情況！你沒有責任告訴他們。你主動告訴他們屋頂要修是愚蠢的。眞是多管閒事，現在你把一切都丟掉了。」

老闆解雇了喬治。

如果喬治是個失信者，他可能會想：「我把實情告訴那對夫婦，眞是愚不可及。我何苦要爲別人操心呢？那關我什麼事？以後可不要再多嘴了，白白丟掉一筆委託費。我可眞笨！」

但是，喬治所希望的是做一個誠實的人。他受的教育是要說實話。他的父親總是對他說：「你同別人一握手，就等於簽訂了一項合同，你說的話要算數。如果你想在生意上站穩腳根，就必須對人公平交易。」所以，喬治總是把信用放在第一位，而不是把賺錢看得高於一切。儘管當時他也想把那棟房子賣掉，但不願爲此而有損自己的人格價值。即使丟掉了工作，他仍然堅信自己惟一的做人準則，就是在一切事情上都講眞話。

很快，喬治從他幫助過的一位親戚那裏借了些錢，搬到加州開了一家小型房地產交易所。數年之後，他以做生意公道、爲人誠實建立了信譽。雖然他也爲此丟過不少生意，但卻漸漸贏得了人們的信任。最後，他名聲遠揚，事業發展，生意興隆，業務遍及全國。喬治發達了。

富蘭克林強調：在個人生活或事業上，人們可能由於說老實話而失去某些東西，但是在漫長的人生旅途中，失掉一兩次應有的報償算什麼。人們需要的是建立起信譽，樹立起正直誠實的聲譽，自己的話應該被他人信任、尊重，讓別人知道自己是一個靠得住、值得信賴的人。

8.他人的意見若公正合理，就要誠懇地接受

心地誠實、待人誠懇、做人正派，這是被人瞭解和受人歡迎的開端。富蘭克林認爲：一個人若能夠誠懇地接受別人公正合理的意見，那麼他已經從這個良好的開端向前邁進了一大步。

紐約《太陽時報》的主編丹諾先生，每天審稿時，常常喜歡把自己認爲重要的部分用紅筆勾出，以免排校人員遺漏。但有一天，一位青年校對員卻沒有執行他的紅筆指示。他讀到一段主編用紅筆勾出的文字，內容大致如下：「本報讀者雷維特先生送給我們報館的一個大蘋果上，怎會出現整齊光潔的字跡呢？驚奇之餘，多方猜測，百思而不解這些字的由來。」校對員讀了這段文字之後不禁失笑。因爲他知道，只要趁蘋果還呈青色時，用紙剪成字形貼在上面，待蘋果變紅，再揭去紙字，就會有文字顯露出來。他想如果這段文字登了出來，必遭人譏笑，認爲主編竟會如此愚蠢，連這一點「小魔術」都會「多方猜測，百思而不解」。因此，他大膽地將這段文字刪掉了。

第二天一早，主編丹諾先生氣呼呼地問他：「昨天原稿中，那段紅筆勾出關於奇異蘋果的話怎麼不見了？」青年校對員如實說出了自己的想法。

聽了青年校對員的陳述後，他和藹地說：「原來如此。你做得十分得當，以後只要有確實可靠的理由，即使我用紅筆勾出，你也可自定取捨。」

富蘭克林強調說：「有勇氣認錯、有決心改過的人，是多麼少啊！」因此，人們有必要向丹諾先生學習。

9.永遠講真話，不說謊話

與人交往，說話要實實在在，有一就說一，有二就說二，不誇大也不縮小，更不能胡編亂造、無中生有。說眞話是實事求是的表現，也是最起碼的爲人準則。

不過，在社會生活中，也確有一些人愛說謊話。對愛說謊話的人，人們常稱之爲「騙子」、「瞎話簍子」，這表明了人們對說謊行爲的反感、厭惡和鄙視。

說謊的人，都是爲了達到某種目的而欺騙別人。比如，我們平時常見的有：掩飾自己的錯誤、損人利己、吹噓自己等等。

對於說謊者，富蘭克林曾論述道：「你可以在有限的時間中欺騙某些人，你也可以在某些時間中欺騙所有的人，但你卻不能在所有的時間中欺騙所有的人。」事實就是這樣，謊言不管編造得多麼「天衣無縫」，也會露出破綻而最終被揭穿。任何謊言都無法永遠掩蓋事實眞相，正如英國一句諺語所說：「謊言腿短走不遠。」

說謊的人，不可能永遠從謊言中撈到好處。謊言一旦被識破，倒楣的還是說謊者自己。

人人皆知的童話故事《狼來了》，在這一點上可給人以啓示：當人們兩次被牧羊孩子騙上山後，便再也不相信他的呼救了。當狼眞的來了時，牧羊孩子只能處於孤立無援的境地。

現實生活也是如此。一個人不是爲掩飾自己的錯誤而說謊嗎？結果不但原來的過錯要受到懲處，爲掩飾錯誤而說謊的行爲也要受到懲處。一個人不是爲損人利己而說謊嗎？謊言一旦「露餡」，一個人的醜行就會「曝光」，結果必然損人又害己。一個人不是爲自我吹噓而說謊嗎？當人家瞭解了眞情後，「吹牛皮」、「靠不住」等「桂冠」就會落在他的頭上……

謊言，使人失去人格，使人失去信用，因此也使人失去同志，失去朋友，甚至連親人也會對他抱有防範之心。謊言，還可以把人推向犯罪的深淵。有的犯罪分子就是從說謊開始，一步步墮入了鐵窗之中。謊言坑人害己，危害可謂大矣。人們在爲人處世中應當時時切記：莫說謊言！

堅持說眞話的人，永遠爲人們所敬仰。

富蘭克林說過：「老實人，敢講眞話的人，歸根到底，於人有利，於自己也不吃虧。」是的，講眞話既有益於他人，也有益於自己。

講眞話可幫助自己跨越人生旅途上的坎坷，獲得事業上的成功。這是因爲，講眞話才能贏得別人的信任；別人信任自己，才會支持自己、幫助自己，才會與自己團結合作，攜手共事。可見，講眞話是完善人生所不可缺少的條件。莫說謊言，應該成爲每個人的人生座右銘。

在此需要說明的是，生活中有些「謊言」則是正當的，有時甚至是必要的。比如：客人因怕影響主人的休息而託故告辭；醫生向某些絕症患者隱瞞診斷結果；親友對烈士家屬暫時隱瞞烈士犧牲的消息等。有一句關於敵我交戰施用計謀的俗話，叫做「兵不厭詐」，詐本身不可能是眞實的，在談判桌上的數字保密和各種促進成功的策略等出自善意、出於正義的「謊言」，不應稱之爲「謊言」，更不應將此與前面談到的說謊行爲相提並論，應當說，這是生活中、工作中、事業中處理問題的靈活方式。

東方古代哲人孔老夫子曾經倡導「言必信」，即說話一定要信實，要有根據。在當今社會中，人們仍然有必要將「言必信」作爲一條準則來遵循，以坦誠無私的胸懷待人接物，實事求是講眞話，無論在任何時候，都要牢記和自覺做到：永遠講眞話，不說謊話！

10.欺人無異於欺己，欺人之道不可走

一個不誠實的人，會常常受到內心的指責、譴責。沒有力量可以鎮壓住這種指責與譴責。試問，不誠實的人又怎麼能夠成大事呢?靠欺詐爲人行事，就會淪落爲欺詐的奴隸，被欺詐毀掉美好的人生。所以，人們一定要誠實，不走欺人之道。

說到「欺人之道」，它主要有三種模式值得人們警惕：

第一種模式是「永遠有希望，永遠得不到」。這一模式，在中國古代時，有人概括爲「牛角前面竹竿上的蘿蔔」。

第二種模式，把回報放到遙遠的「天堂」和「地獄」。其常常表現爲謊稱今世好好幹，什麼也不要，多苦、多累也得幹，這樣死了以後就可以進「天堂」，否則就是下「地獄」，對人們付出的勞動與創造力和成果，都是無償的佔有剝奪。用那種「永遠你也看不見，也找不到的東西」來誘惑和恐嚇人們，以達到管理的目的。由於人們在潛意識之中，都有一種對前途瘋狂的野心（企盼好事，願意相信好事），和對危險格外恐懼兩種極端性的人生前途心

理。因此，這種天堂與地獄的誘惑和擁有世界的野心被利用起來以後，就形成了這種「欺人之道」的內在動力。

第三種模式，鎖定終身。這種欺人之道，是投入極小、回報極大，甚至遠遠超過「高利貸」！比如，鼓吹什麼「一日爲師，終生爲父」（有多少知識，多大價值，只是一天受之教育，就要回報一生），還有「前世之緣，命中註定」，把「緣」這種本來並沒有什麼的「神秘的東西」——不過就是把人生之中一些現象，解釋爲確定不移、內在關聯、有密切關係的，並強調與誇張。宣揚它是確定不移和不可變更的，否則就是「災難無窮」的，還說「緣」是一種神秘的規律——借此來達到控制他人的行爲與剝奪他人財力的目的。

現實中，這種情形很多。在一般的做法上，常常是宣揚者聲稱自己擁有比別人更加強大的、獨特的能力與高尚功德。特別是市場競爭條件下，人們常常見到有人鼓吹「緣觀念」，說得神乎其神。其實都是企圖利用「緣」的力量來控制人和剝奪人。被緣鎖定者，常常不得不義務爲之提供幫助與方便，把自己的財力與物力和人力全部奉獻。

富蘭克林指出：欺人之道，得逞於一時而不能長久，是一種低級卑劣的騙人行爲。聰明的人是不會走欺人之道的，因爲他們知曉：走欺人之道最終還是將自己送進死胡同，欺人無異於欺己。

11.慣用欺騙伎倆的人終難逃懲罰

富蘭克林認爲：在做人處世中，只有以誠待人，才能博得信賴；只有以誠待人，才能長盛不衰。在這裏，誠信不僅僅是一種個人修養，不僅僅是一種包裝，而是一種可以直接帶來財富，轉化爲金錢的無價之寶。相反的，那些慣用欺騙伎倆的人終難逃脫懲罰。

有個有趣的故事這樣講：

有個養猴子的人對猴子說：「我早上給你們三個橡子，晚上給四個。」猴子聽了都生氣。養猴人轉動小腦瓜，馬上再對猴子們說：「好了，別生氣了。我早上給你們四個橡子，晚上給三個。」猴子就高興起來了。

這些猴子的高興只是暫時受到蒙蔽所致。天長日久，聰明的猴子自然會悟出養猴人的狡詐和卑鄙，從此不再相信他，而且仇恨他。那時候養猴人可就要自認倒楣了。

「朝三暮四」式的狡詐欺騙伎倆，必然最終失信於人。

慣用欺騙手段，不僅顯示其人格卑賤、品行不端，而且是一種只顧眼前、不顧將來，只顧短暫、不顧長遠的愚蠢行爲，終將一事無成。從根本上看，從總體價值上看，欺騙所得到的只是一粒芝麻，失去的卻是一個西瓜。

在一八八七年的美國，一天，一個年近六十歲，外表高貴的紳士甯格，來到一家小雜貨店購買水仙花。他取出一張二十美元的鈔票，等著找錢。店員注意到紙鈔上掉色的墨汁粘到了自己手上。她感到驚訝，因爲甯格先生是她的老朋友、鄰居和顧客，不會給她一張僞鈔的，所以就找錢讓他離開了。

在當時，二十美元可不是小數目。於是，她還是把錢拿去給警方鑒定了。有一位員警很自信地說：這絕非僞鈔。其他的員警則爲墨汁爲什麼會被擦掉感到困惑。在好奇心和責任感的驅使下，他們搜查了甯格先生的家，果然搜到一張二十美元假鈔，還發現了三張甯格先生畫的肖像畫。甯格先生是一位很優秀的藝術家，他的造詣頗深，能用手繪製二十元美鈔，並矇過了許多人，直到被雜貨店店員識破。

被捕後，甯格的那三張肖像畫公開拍賣，得款一萬五千美元。值得諷刺的是，甯格先生用來畫一張二十美元假鈔的時間，跟畫一張值五千美元的肖像畫所需的時間幾乎相同。然而不管怎麼說，這位聰明而又有天分的失敗者，卻是一個小騙子。可悲的是，受害最深的人正是甯格先生本人。如果他能合法地出售他的能力，不僅會變得很有錢，而且也會爲他的同胞帶來許多利益和喜悅。而事實上，當他試圖欺騙別人時，最大的被騙者卻是自己。

貝利是個珠寶騙子，聞名世界。他所騙的對象都是有錢、有珠寶的上流社會人士。有一次，貝利在行騙時被當場抓獲，並被判了十八年刑。他被釋放後，再也不曾犯案，定居在新英格蘭的一個小鎮，過著一般人的規矩生活。

當人們聽說這位著名的珠寶大騙還在人世後，全國各地的記者紛紛湧到這個小鎮來採訪他。他們問他各種問題，最後，有一位記者抓住要點，問了一個有趣的問題。

「貝利先生，」他問道，「你在當騙子的歲月中，騙了許多很有錢的人家，但我想知道，你騙的最多的人究竟是誰？」

貝利不假思索地說：「那很容易，我騙的最多的就是貝利。我也許能成爲最成功的商人、華爾街的大亨、或是對社會很有貢獻的一分子；但我卻選擇了騙子的生活，而且還把我成年生活三分之二的時間消耗在監獄中。」

雖然，這兩位騙子後來都醒悟了，認識到「欺騙」無異於以自己的人格和信譽在刀刃上跳舞，然而卻爲時已晚。他們行騙的最大受害者是自己，絕非別人！他們只能在悔恨中度過殘生。

不幸的是，這種欺騙自己的悲劇，似乎在現代生活中還屢屢上演。

富蘭克林告誡青年：任何一個不講求誠信的人，都可以說是在向自己行騙的人，這樣的人註定是要受到懲罰的。

12.為人處事，有時也可以說一些善意的謊言

富蘭克林曾說：上帝在要求人們學會誠實的時候，也教會了人們撒謊，有些謊言有時比說實話還更有效。不過你得選擇正確的時間、地點和對象。

一八四八年，美國南部一個安靜的小鎮上，刺耳的槍聲劃破了午後的沉寂。

一位剛入警局不久的年輕助手，隨警長匆匆出動。

一位年輕人被發現倒在臥室地板上，身下一攤血跡，右手已無力地鬆開，手槍滾落在地。身邊的遺書筆跡紛亂，他鍾愛的女子在昨天與另一個男人走進了教堂。

死者的六位親人都呆呆佇立著，他禁不住向他們投去同情的一瞥。要知道，他們的哀傷與絕望，不僅因爲一個生命殞落了，還因爲對於基督教徒來說，自殺便是在上帝面前犯了罪，他的靈魂從此將在地獄裏飽受烈火焚燒。而風氣保守的小鎮居民會視他們全家爲異教徒，從此不會有好人家的男孩約會他家的女兒們，也不會有良家女子肯接受他家的兒子們的戒指與玫瑰。

這時，一直沈默著，鎖緊雙眉的警長突然開了口：「不，這是謀殺。」

他彎下腰，在死者身上探摸許久，忽然轉過頭來，用威嚴的語調問：「你們有誰看見他的銀掛錶嗎？」

那塊銀掛錶，鎮上的每個人都認得，是那個女子送給年輕人的惟一的信物，每個人都記得他是如何五分鐘便拿出來看一次時間的。所有的人都忙亂地否認。

警長嚴肅地站起身：「如果你們都沒看到，那就一定是兇手拿走了。這是典型的謀財害命。」

死者的親人們嚎啕大哭起來，彷彿那根壓斷背的稻草自他們身上取下了，鄰居們也開始上門表達他們的慰問與弔唁。

警長充滿信心地宣佈：「只要找到銀錶，就可以找到兇手了。」

站在門外，助手對警長的明察秋毫欽佩到無以復加的程度。他問：「我們該從哪裡開始找呢？」

警長嘴角多了一抹偷偷摸摸的笑意，伸手慢慢地從口袋裏掏出了一塊錶。他忍不住叫出聲來：「難道是……。」

警長看著周圍遼闊的草原，微笑點頭：「幸好每個人都知道，在大草原上要尋找一個兇手和尋找一株毒草是一樣困難的。」

「他明明是自殺，你爲什麼硬要說是謀殺呢?你讓他的家人更加難過了。」

「但是他們不用擔心他靈魂的去向，而他們哭過之後，還可以像任何一個好基督徒一樣清清白白地生活。」

「可是偷盜、說謊也是違背十誡的呀。」

警長銳利的眼睛盯住他：「年輕人，請相信我，六個人的一生，比摩西十誡的六十倍的十倍還要重。而一句因爲仁愛而說的謊話，連上帝也會裝著沒有聽見。」

是的，謊言在某些時候未必眞的可恨，在很多情況下，說謊是迫不得已的選擇，爲了自己或者是爲了其他人。富蘭克林指出：如果謊言眞的能夠爲人創造幸福或是減輕煩惱，那麼也不妨一試。

第二條 公正

PART 02

不得損人利己，履行應盡的義務

不公正，就不可以鼓舞士氣。
原諒壞的，就傷害了好的。
不要出賣道德去買財富，
也不要出賣自由去買權力。
如果你損害良心，良心就會向你報復。
如果你自家的窗户是玻璃的，
就不要向鄰居家扔石頭。

1. 公正是靈魂的偉大需求

富蘭克林充滿智慧地說：「人們對大自然法則的看法各不相同，有人說它們是殘酷的，也有人說它們是仁慈的。其實它們既不殘酷也不仁慈，而是絕對公正的——事實上，就是公正本身的不變原則在運作。這不僅適用於大自然，而且同樣也適用於我們每個人的靈魂。」

人世間的每個人的靈魂需求的表達方式各不相同，然而或多或少都可以感受得到。它以一種深不可測又難以形容的饑渴爲表現方式，發生在那些某方面有特殊發展的人身上，無論他們已經擁有了多麼富裕的物質生活，都永遠無法得到滿足。許多人的認識容易被外表誤導，爲了滿足這種饑渴，他們拼命追求物質的享受，以爲這些將能滿足他們的需求，爲他們帶來平靜。

每個人的潛意識都在渴望公正，而且都試圖以自己的行爲方式，並依照自己的思想狀態和模式，來滿足這種渴望。渴望只有一種，公正也只有一種，然而尋求的途徑卻很多。

自覺在尋求的人，因為對正確的路線已經有了初步瞭解，所以他們不久將可以榮幸地發現，只有公正才能為靈魂帶來最終的永恆滿足。

不能自覺尋求的人，雖然也會有短暫的喜悅，但並不會得到祝福，因為他們為自己開闢了一條痛苦之路，不得不拖著傷痕累累的雙腳走下去。饑餓卻與日俱增，而靈魂將為自己所失去的公正的權利而吶喊。

無論靈魂是處於清醒、夢幻或者沉睡，如果不是得自公正的實現，所得到的滿足都難以持久。無論它是有軀體的或脫離軀體的，都不斷受制於苦難的懲罰，直到最後，逃向公正的庇護所，才會發現自己長久以來一直尋求卻苦無所獲的喜悅、滿足和平靜。

公正是靈魂的偉大需求，靈魂在公正的基礎上，就可以無憂無慮地立於世間生存的風暴之中，不再感到迷惑，同時，也可以為幸福而美好的生活建立一座宮殿。

靈魂的家園，就存在於這項原則的實現，它也是所有永恆祝福的來源和倉庫。找到它，就找到了一切；失去它，就失去了一切。它是一種思考的態度和意識的狀態，其中不再有生存的競爭，而靈魂也會安歇在一片富足裏，在那裏，它一切偉大的需求都能夠得到滿足，既無須掙扎、也不必恐懼。

善於運用心智的人可以得到幸福，因為這樣的尋求絕不會落空。

讓我們將公正這種美好的品德，不斷昇華到自己的生命中去吧，既公正地待人，又公正地待己，公正地面對人生。

2. 偏見是公正的最大剋星

富蘭克林認爲：偏見是黃疸病，有偏見的眼睛看什麼都是黃的。

沒錯，偏見是人品的毒瘤，是進步的障礙。眾人皆知，公正是一個人最可寶貴的品質，而偏見則是公正的剋星。因而誰要想成爲一個處事公正的人，誰就要謹防偏見。

所謂偏見，即是片面、偏激、不公正的見解，是一種妨礙認知資訊的行爲態度。

偏見是諸偏之根。一個人對某事某人一旦有了偏見，就會產生偏向、偏心、偏辭、偏重、偏袒，乃至導向行爲的偏頗和事業的偏廢。人犯錯誤的一個重要原因，就是頭腦裏有偏見作祟。

偏見者常常把人看偏。偏見是正確進行判斷的感情障礙。當一個人被偏見俘虜之後，對自己喜歡的人，就會只看見他的優點；對自己不喜歡的人，就會只見到他的缺點。偏見會帶來偏愛和偏恨，「情人眼裏出西施，情敵口裏變東施」，講的就是這個道理。這種待人處世哲學，使自己失去了爲人公正的品格。

偏見者常常疑心生暗鬼。富蘭克林說過：「偏見可定義爲缺乏正當充足的理由，而把別人想得很壞。」

一個人的頭腦如被偏見所禁錮，對他人的一言一行，都會用頭腦裏的錯誤標準去衡量，其結果可想而知。事實告訴我們，偏見比無知離真理更遠。

偏見的類型多種多樣，有種族偏見、有階級偏見、有集團偏見、有行業偏見等等。形成偏見的原因也很複雜，有的是階級立場導致的，有的是由於既得利益或私心作祟而形成的，有的是由於按照個人經驗、匆忙作出無根據的結論，有的是由於無分析地接受了某人或某集團流行的判斷，而有些是由於片面的思想方法而形成的。

分析產生偏見的原因，是為了謹防偏見、做到公正。通常情況下，有偏見的人常常意識不到，或不願意承認自己有偏見，因而克服偏見是很困難的事情。

要做到公正、防止偏見，需要加強多方面的修養，如培養公正待人的優良品德，養成冷靜觀察問題的習慣，不要過於相信自己的印象，不去接受未加分析的判斷，不聽信流言，不去隨人說三道四論短長。在評價一個人的時候，不人云亦云，而是要用自己的眼睛去看，用自己的耳朵去聽，用自己的頭腦去思考。

記住富蘭克林的話吧！謹防偏見最重要的是，要用科學的思想方法來觀察思考問題。克服了偏見，公正自然就會向你身邊靠近。

3.自私不能自利，損人終不能利己

人們常常會責備別人「自私自利」、「損人利己」，其實，自私哪能自利呢？損人哪能利己呢？

自私的人處處爲己，不肯「拔一毛以利天下」，他們在自己的周遭築起了高高厚厚的牆，保護著自己的貪婪，卻也阻礙了自己的進出與視野。他們把自己的身心局限在狹窄的空間裏，過著自我陶醉的生活。他們心中只有一個「利」字當頭，一切惟利是圖，哪管什麼人情、義理？

然而，自私眞的能自利嗎？當然不是。現今都市裡的房子鱗次櫛比。某城市一個樓下的住戶因爲一己之私，將公寓的防火巷搭起石棉瓦來當儲藏室，有一次鄰居失火，緊要關頭消防車卻開不進來，以致比鄰數棟房屋皆付之一炬，還出了數條人命。那位自私的人不但房子、家當全燒光了，還吃上官司，眞是賠了夫人又折兵。可見，自私眞是不能自利的。

自私心重的人就是「我執」很強的人，他們的生命裏只看到了自我，執著於我要、我覺得、我認爲，而不是您請、您覺得、您認爲，因爲不懂得尊重別人，所以也得不到別人的尊重。雖然有時候眼前能貪得一點小便宜，但爾後往往失去了大利益。相對的，利他的人雖然眼前吃點小虧，但爾後往往能夠得到更大的、綿綿不絕的回報。哲人說：「利人爲利己之基。」眞是人生智慧的寫照。

現代商場上，製造商和經銷商形成了一個供需依存的縝密關係，若沒有經銷商的渠道，製造商製造出來的東西無法流通獲利；如果沒有製造商的產品，經銷商也是巧婦難爲無米之炊。製造商和經銷商是一種唇齒相依的關係，做生意是要講求雙贏的，絕不能讓其中的一方感到委屈，雙方在合作的折衷談判裏，找到一個平衡點，讓雙方都能賺錢，才是長久之道。但有些經銷商卻吃定了製造商，不是壓低進貨，就是退貨沖賬，自己賺足了好處，卻讓製造商無利可圖；自己大塊吃肉，卻讓對方無處喝湯。像這種損人利己的行爲，終將讓對方唾棄，到頭來自己變成了無貨可銷，還不是得吃大虧？所以說，損人利己像風中的殘燭，雖有短暫的亮光，但卻經不起時間的考驗。損人利己的公司，絕對不會是一個好公司。

損人是絕對無法利己的，惟有成就別人，才能成就自己。智者說：「幫助別人，就是實現自己。」這句話說的就是這個道理。

富蘭克林告誡青年：自私的人，終將爲人所唾棄；損人的人，也終將自食其惡果。

4.絕不「點燃別人的房子，煮熟自己的雞蛋」

富蘭克林在一次重要的演講中曾這樣說：「世上就有那麼一些人，他們對自己的權利背得滾瓜爛熟，就是不想知道自己應盡的義務。」

是啊，人們總是在做自己內心想做的事情。從這個角度說，每個人都是自私的，但自私並不都那麼可怕，可怕的是私欲太盛、利令智昏，時時處處以自己爲中心，以損公肥私和損人利己爲樂事，一切圍著自己想問題，一切圍著自己辦事情，在滿足其一己之私的過程中，不惜損害公益事業，不惜妨害他人利益。這樣的人誰不怕？怕的時間長了，也就如同瘟疫一樣，人們避之惟恐不及；怕的人多了，也就如過街老鼠一樣，人人見之喊打。這樣的人即便是比別人多撈取了一些利益，也不會獲得眞正意義上的幸福。如果說，他們也侈談什麼成功，充其量不過是雞鳴狗盜的成功，沒有任何値得驕傲和自豪的。

「點燃別人的房子，煮熟自己的雞蛋」，西方的這句俗話，形象地揭示了那些妨害他人利益的自私行爲。

自私自利者不管是借偷盜、貪污、索賄或挪用等手段，把公共財產或別人的財產變成自己的財產，還是以權勢撈取地位或榮譽，在別人看來，無疑都是不光彩的。儘管他們有時利用通過卑劣手段撈取的財、權來給某些人送人情、買人心，使這些人不得不感謝和感激他們，但更多的人卻瞧不起他們。儘管他們中還有些人用那些不義之財做本錢，開公司、搞生意，掙了大錢，成就了事業，有的還笑眯眯地做一些慈善之舉，但他們仍然是昧心的一族，別看法律未審判他們，但受害的普通群眾卻在感情上給他們判了刑、定了罪。

一個人如果是這樣的人，心靈是不會安寧的，所擁有的人生便是一個卑鄙的人生。

一個人在損公坑人的時候，只是在物質上、權勢上和榮譽上肥了自己，暫時得到了一點實惠，而付出的卻是人格和靈魂的代價。由此將失去純潔美好的心地，從本來壯美的人生境界，跌到了一堆垃圾上，將不時地嗅到發自靈魂深處的臭氣。這是一個人的根本性的損失，永遠不可挽回的損失。即使以後覺悟到了，不再損公損人肥自己，但那心靈上沾上的污點，卻是永遠抹不去的，它將伴隨著一個人的終生，使其得不償失。

人之爲人的根本性的存在，並不是這團肉、這副軀體外殼的存在，而是人之爲人的精神、德行、人格的存在。抽去了後者，人與普通動物也就沒有多大區別了。

所以，自私者的算計和耍弄小聰明，到頭來仍是卑鄙和愚昧。

自私者損人肥己式的小聰明，是一種卑鄙的聰明，是那種打洞鑽空了房屋、在房屋倒塌前迅速遷居的「老鼠式的聰明」；是那種欺騙熊爲它挖洞，洞一挖成便把熊趕走的「狐狸式的聰明」；是那種在即將吞食獵物時，卻假裝慈悲流淚的「鱷魚式的聰明」。

誠然，在無垠的時間和空間裏，每個人都處在一個獨一無二的點上，每一個人又都是一個完整的世界。關心自己，發展自己，實現自我，是每個人的追求，這沒有什麼不合理，沒有什麼値得非議的。

一個人除非他是神經病，沒有人不關心自己，不希望發展自己，實現自己的追求。這一切可謂人之私欲使然。沒有私欲是不正常的，有私欲而無度則更是不正常的，不損人利己，不損公肥私，這是最基本、最道德的私欲標準。

正常地關心自己、發展自己、實現自己，人人都自珍自愛自重。為此，社會才能充滿勃勃生機，充滿歡歌笑語。

然而，當自私自利者以「人不爲己，天誅地滅」來爲自己的自私行爲進行辯護的時候，便是極其荒謬的。他的所謂「爲己」，是指爲了自己而不顧別人，爲了自己的利益而損害公共利益和他人利益。二者的本質區別就在這裏。

前者的關心自己、發展自己和實現自我，絕不是以損害他人爲前提，相反，前者的最終目的和實際的人生效果應該是爲人、爲大眾的，他們所追求的是「人人爲我，我爲人人」這樣一種良好的人際關係模式。而極端自私自利者的前提是損公損人，是奉行所謂「人人爲自己，上帝爲大家」這個可詛咒的常規。

如果一個人是以損害公共利益或他人利益爲前提而發展自己、實現自己，那麼他就站到了自私者的行列。

誠然，生物學家們都知道，動物的基因是自私的，它們必須自私，因爲基因爲爭取生存，直接同它的等位基因在發生你死我活的競爭的時候，只有擊敗對手、犧牲等位基因才有自己生存的權利。人由遺傳基因發展形成，人之自私大概發源於此。

但是如果以此論證自私自利的合理性，也同樣是荒謬的。

人們應該知道，人並不只是一個僅由遺傳基因而發展形成的自然的動物，人更是一個具有廣泛社會性的文化的動物。

一個人如果僅以基因必須自私而心安理得地自私自利，丟棄文化這種「全新的非生物學的」力量，那就把自己更重要的部分——精神，從自己的軀體上剝去了，剩下的只是一副體骨，會變得毫無人的力量，即使血肉仍附在自己的身軀之上，那也和普通的動物沒有什麼區別。

既然人們不願把自己貶落到普通動物的層次，不願丟掉人的尊嚴，不願缺少人的概念的任何一項內容，那就必須尊重社會的公共道德、遵守文化的規範。也許要每一個人做到「毫不利己、專門利人」太空洞抽象，不合實際。但是，每一個人，不論是東方文化環境裏的人，還是西方文化環境裏的人；也不論是社會主義國家的人，還是資本主義國家的人，人人都要講究公共道德，以公眾利益、大眾利益爲上。

富蘭克林指出：私欲過盛之人，必會偏離公正之準星，沒人願與之共事，因而永遠難成大器。世間小人，個個蠅營狗苟，皆私欲所惑也；而世間君子，皆坦坦蕩蕩，能克己私欲而走向成功。

5.在生命的每一個崗位上，履行人生的責任

沒有責任感的人，永遠不會得到別人的信賴。有的時候，事情的艱難性、自身的局限性、外部條件的干擾性等，都會使一個人逃避自己的責任。長此以往，沒有了責任感的人，也就失去了在社會中生存的空間。

其實，責任是值得人們永遠重視的。責任始於出生，終於死亡，陪伴人們終身。它引導人們做好事，禁止人們做壞事。責任始於對兒童的養育，它命令人們以身作則，去培育他們、指導他們、教育並影響他們，把他們引向行善之路。

責任陪伴人們終生，它使人們走出家庭去幫助別人。人們對鄰居、家鄉、國家都有責任，人們對所有人所履行的義務，含有極大的責任。除非一個人意識到這種責任，並積極地去實踐，否則他就不可能過一種眞實的生活。

責任感使人們的人生之路變得平穩，幫助人們去理解、去學習、去服從。責任感給了人們力量去戰勝困難、抵制誘惑、奮鬥不息；給了人們力量去成爲誠實、仁慈和眞實的人。所

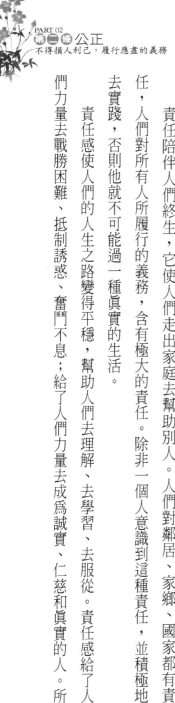

有的經驗都告訴人們：人是自我塑造的人。人們努力戰勝做惡的傾向而努力向善，漸漸地，人們就成爲所努力成爲的那樣。日復一日的努力，使這一奮鬥變得容易一些。

人們並不僅僅只是爲自己而生存。除了爲自己的幸福而生存以外，他也爲別人的幸福而生存。每個人都有自己需要履行的職責，富人和窮人都不例外。但是，最有價值的生活，卻絕不是那種只追求自我享受的生活，而是那種在每一項美好的事業中，都紮紮實實、兢兢業業地做一些給社會帶來希望和益處之工作的生活。

海爾洛克勒說過，我們每個人都是一個圓心，它被許多同心圓所環繞。從我們自己的圓心出發，第一層圈出現了——這是由父母、妻子和孩子組成的圈；第二層圈是各種親朋好友關係；然後是自己所屬族群的同胞關係；最後，是與整個人類的關係。

職責的範圍是沒有固定的界限的。它存在於生命的每一個崗位。在人們的一生中，無論是富有還是貧困，是幸福還是不幸，都無法選擇，但人們卻能夠選擇去履行那些在自己身邊無時無處不在的職責。不惜一切代價和甘冒一切風險地遵從職責的召喚，這是最高尚的文明生活的本質體現。無論是過去還是現在，偉大的事業都值得人們去爲之奮鬥，值得人們爲之神往、爲之奉獻自己的生命。

人們常常不由自主地，把責任這一概念和士兵的職責相聯繫。這讓我們想起在龐培古城中，因履行職責而死在工作崗位上的那位異教徒衛兵。那是發生於一千八百年前的事情。當時，龐培古城附近的維蘇威火山突然爆發，龐培古城被火山灰徹底埋葬。這位士兵是一位眞正的戰士。當火山爆發時，別人都在倉皇逃命，惟有他仍然堅守自己的崗位。因爲那是他的職責。當時，他被安排守衛那個地方，而他也絕無退縮之意。他因吸入火山灰中過多的硫化氣體窒息而死。他的身體化作了灰塵，但他的精神卻永存於人類的記憶之中。今天，我們仍能在那不勒斯的巴爾波尼可博物館中，看到這位士兵曾經使用過的頭盔、長矛和胸鎧。這位戰士眞可謂兢兢業業、鞠躬盡瘁、死而後已。他出色地完成了他的職責所要求他做的事情。

恭順地服從職責的召喚，即服從父母、服從師長、服從長官等的召喚，這是每個希望自己品行正直的人，不得不認眞學習的課程。從少年時代開始，人們就應該開始學習和養成聽從責任的召喚這樣一種恭順的心態。儘管生命是有限的，但人們必須聽從職責的召喚，直到生命的最後一刻。

富蘭克林強調：職責，從其最純粹的形式上講，它是那麼具有強制性，以至於一個人在盡職盡責的過程中，根本就忘卻了自身的存在。這就是職責的核心所在。它要求我們在履行職責的過程中，不能瞻前顧後、患得患失，而應當不折不扣地完成自己的職責。

6.恪盡職守，在生活中完成自己的職責

富蘭克林強調：「職責是每一個人應盡的義務，任何不願意敗壞自己的聲譽、不願意最終破產的人，都必須認眞履行自己的職責。職責是一項不可推卸的義務，每個人都應該終其一生，通過自覺的努力和決然的行動來履行自己的義務。」

職責貫穿於每一個人的一生。從人們來到人世間，一直到離開這個世界，人們每時每刻都要履行自己的職責和義務——對上司的職責和義務，對下級的職責和義務，以及對同事的職責和義務。凡是有人生存和活動的地方，都有人類應盡的職責。職責和義務與人們的生活是不可分離的。每一個人，不論尊卑貴賤、男女老少，都只是一名普通的服務員，爲了自己，也爲了他人的幸福，應該利用自己的一切手段和能力來履行自己的職責。

持久而良好的職責觀念，是每個人應具備的最起碼的品德，也是一個人的最高榮譽。因爲每一個高姿態的人，都必須靠這種持久的職責觀念來支撐。沒有持久的職責觀念，人們就會在逆境中倒下去，在各種各樣的引誘面前把握不住自己；一旦一個人眞正具有了牢固而持

久的職責觀念，最軟弱的人也會變得堅強，在逆境中會勇氣倍增，在引誘面前能不為所動。富蘭克林說：「職責是把整個道德大廈連接起來的粘合劑；如果沒有職責這種粘合劑，人們的能力、善良之心、智慧、正直之心、自愛之心和追求幸福之心都難以持久；這樣的話，人類的生存結構就會土崩瓦解，人們就只能無可奈何地站在一片廢墟之中，獨自哀歎。」

職責感根源於人們的正義感——這種正義感源於人類的自愛，這種人之自愛之情乃是一切善良和仁慈之本。職責並非人們的一種思想感情，而是人的生命的主導原則，這一原則貫穿在人類的全部行為和活動之中，受制於每一個人的道德良心和自由意志。

英國愛丁堡大學的喬治．威爾遜教授的一生極為坎坷，但他樂觀豁達、勤奮工作，表現出驚人的藐視困難的勇氣和罕見的樂觀精神。支撐他這一切的不是別的，正是偉大神聖的職責感。

在他逝世前的四個月，他是這樣表達自己的心跡的：「我從不奢求不該擁有的名譽和稱讚，但我時刻在努力，以求自己的講演能讓聽眾滿意。真的，在我看來，『職責』是一個有千鈞之重的字眼，在我的眼中，它高於一切。」

每個人都必須在自己的生活範圍內完成自己的職責。只有職責才是真實的。除了完成生活的職責，世界上再也不存在任何真正的行動。職責是生活的最高目標和目的，在一切快樂中，最眞正的快樂來源於對生活職責業已完成的意識。而且，這種快樂是最令人滿足的，是最不可能讓人後悔和失望的。

7.逃避義務，無異於是走向墮落之路的開端

富蘭克林認爲：一個人一生中都應充滿實幹的精神，絕不逃避自己應盡的義務，因爲履行應盡的義務是做人的一個重要的方面。

當人們完成一項任務之後，快樂總是隨著順利成功而來，總是能夠給人帶來平靜與滿足。

富蘭克林說道：「當一個人完成自己的職責時，他會感到心情輕鬆和快樂無比。」不論這項任務看起來多麼微不足道，只要全身心投入、認眞去做，就會帶來喜悅與平靜。

然而，所有不幸的人當中，最不幸的是那些想方設法逃避工作的人。他只想逃避需要承擔的工作或義務，貪圖輕鬆幸福，可是他的內心無法平靜，背負著羞恥的負擔，自尊心將受到傷害。

富蘭克林曾說：「凡是不願憑自己能力工作的人，遲早會被這個社會淘汰。」凡是逃避義務、不想盡心盡力工作的人，首先是他的品德有所下降，然後他的身體與社會應對能力逐

漸變得不堪一擊，被進步的社會所淘汰。倘若一開始就逃避工作和義務，那就意味著他開始走上墮落之路。

另一方面，一個人可以全面發揮能力、通過克服困難，圓滿完成需要消耗大量腦力與體力的工作，從而使自己變得越來越有活力。

當一個小孩子通過孜孜不倦的努力，掌握了學校所有的功課，是多麼快樂呀！經過長年累月艱苦訓練的運動員，擁有強健的體魄，當他載譽還鄉時，受到親朋好友的歡呼；學者在多年的努力後，在自己的研究領域獲得豐碩的成果，是多麼欣慰；商人們在經商之路上不斷設法應付困境，最終獲得豐厚的利潤，體驗到無盡的快樂；園藝家與頑劣的土壤搏鬥，辛勤耕耘，終於可以幸福地品嘗甜美的成果。

奮鬥者取得的每一個成就，都能使他體會到快樂；而在精神上，目標實現的快樂是語言無法表達的。

在歷經多次的失敗之後，終於獲得了成功，這時所體驗到的、發自內心的喜悅是極其巨大的；一個極力培養高尚品德的人，在向高尚的目標邁進、征服自我的過程中，歡樂將會與它如影相隨。

人生就是一場持久的奮鬥，處處都必須和險惡的境況做鬥爭。人的一生是長期的抗爭及取得成就的過程，是否能夠功成名就，全看他與自私的本性、眞理的大敵相對抗的能力。假使一個人一開始就逃避應盡的義務，那麼在他內心得到短暫的滿足的同時，他也正在一步步地走向失落的深淵。

第三條 中庸

PART 03

避免任何極端傾向，儘量克制報復心理

如果你想在未來的奮鬥中取得成功，
就必須學會控制衝動。
首先控制你自己，然後你才能控制別人。
愛你的敵人，
因為只有他們才會告訴你，
你犯了什麼錯。

1.用開闊的胸襟去包容他人

富蘭克林認爲，一個能夠開創一番事業的人，一定是一個心胸開闊的人。人要成大事，就一定要有開闊的胸懷，只有養成了坦然面對、包容一些人和事的習慣，才會取得事業上的成功與輝煌。

有包容心的人，胸襟自然開闊。胸襟是否開闊，也是衡量一個人能否成大事的重要標準。胸襟狹小的人，只能看到蠅頭小利和眼前利益；胸襟開闊的人，往往眼光高遠，不計小利，以大局爲重。

一個人的胸襟如果足夠開闊，那麼他所做的事情和他的做人原則，一定是很有特點的。胸襟開闊的人，對什麼事都能夠看得開，因此他們會處亂不驚，他們不存報復心理，他們心無極端傾向。這實在是一個人不斷修養出來的美德和品質。做人，就應該養成這種良好品德。

有積極心態的人不會把時間花在一些小事情上。小事情會使人偏離自己本來的主要目標和重要事項。如果一個人對一件無足輕重的小事情做出反應——小題大做的反應——這種偏離就產生了。以下這些小事情的荒謬反應，值得參考。

一六五四年的瑞典與波蘭之戰，僅僅是因為在一份官方文書中，瑞典國王的附加頭銜比波蘭國王少了一個。

一個小男孩向格魯伊斯公爵扔鵝卵石，於是導致瓦西大屠殺和三十年戰爭。

有人不小心把一個玻璃杯裏的水濺到托萊侯爵的頭上，於是就導致了英法大戰。

作為普通人，不可能因為一件小事就引發一場戰爭，但可能會因小事而使周圍的人不愉快。因此說，一個人為多大的事發怒，也就說明了他的胸襟是否開闊。

有很多人因為性格孤僻或者沒有吸引他人的能力，導致無緣享受友誼之樂，以致喪失了許多單純的生命之歡愉，成為孤獨、不合群的人，他們曾經發出強烈的呼聲：「唉！我真希望，我能吸引一些朋友；我真希望，我能成為一個受人歡迎、為人所樂於接受的人！」但是他們不知道要實現這種願望，其實主要在於自己的包容心，單純地求助於他人是行不通的。

一個只肯為自己打算盤的人，到處受人鄙棄。其實，人們完全可以將自己化作一塊磁石，來吸引自己所願意吸引的任何人到自己的身旁——只要自己能在日常生活中，處處表現出博愛與善意的精神，以及樂於助人、願意幫忙的態度。

大家都喜歡胸懷寬大的人。假使一個人打算多交些朋友，首先要寬宏大量。應該常去說別人的好話，常去注意別人的好處，不要把別人的壞處放在心上。

如果常常對別人吹毛求疵，對於別人行爲上的失誤，常常冷嘲熱諷——人們該留意，這樣的人大多是危險的人物，這樣的人往往不太可靠。

具有寬大心胸的人，看出他人的好處比看出他人的壞處更快。反之，心胸狹隘的人，目光所及都是過失、缺陷甚至罪惡。他們的心態是極端的，他們的心理是報復的。輕視與嫉妒他人的人，心胸是狹隘的、不健全的。這種人從來不會看到或承認別人的好處。胸襟開闊的人，即使憎恨他人時，也會竭力發現對方的長處，並由此來包容對方。

富蘭克林呼籲：修煉心態內功，首先從胸襟開闊，包容他人做起吧！

2. 努力消融暴怒偏激的情緒

在這個世界裏，許多人生活平淡卑微。究其原因，很重要的一點竟然是脾氣暴躁、無法得到別人的認可和賞識。在生活中，常常見到那些不能控制自己脾氣的人，他們遇到一點爭論或不順心思的事，馬上極端起來，並且不可控制，總是使人難堪、窘迫、尷尬，甚至傷害別人的自尊心、自信心。這樣一來，長期的奮鬥和積累，會因性格惡劣而毀於一旦，即使身處高位，也能在一夜之間失去一切。

有一個人，二十年裏兢兢業業，不辭辛苦，自我要求很嚴，在家庭、在公司和鄰里之間有很好的聲譽，卻因一次偶然事情，他無法控制情緒，大發雷霆，令周圍的人驚訝不已，大家彷彿第一次看清了他的真面目。從此，他的聲譽一落千丈。

還有一個人，出身名門，家庭背景極好，顯赫一時，呼風喚雨，好不威風。只可惜，由於性格方面的缺陷，不能在高位上持續提升，最後落得個眾叛親離的下場。

對於一個才華出眾的人，只是由於脾氣暴躁而被淘汰出局，不是很遺憾嗎？如果一個精明強悍、腦袋聰明、充滿活力的人，只是因爲性情乖戾而求職無門，不得不舉債度日，又是多麼可惜啊！

如果一個人十年寒窗，努力不懈，在事業上剛剛有些起色，得到一個體面的社會地位，卻因一時衝動，而把成果丟得一乾二淨，是多麼愚蠢啊！見過這樣的雕刻藝術家嗎？他在一塊很好的大理石上精雕細刻，長年累月地工作，卻在大功告成時，一時性起，把它砸得粉碎，然後再在另一塊大理石上從頭再來。

人們一定會說，他有病！當然，這種情況極其少見，但生活中與他相似的人實在不少。讀者朋友，你敢說自己一定比這位藝術家聰明嗎？你會因一時情緒激動而毀掉了自己努力的成果嗎？

稍受批評和指責就勃然大怒，認爲別人的中肯意見是對自己的有意冒犯，甚至是在公開侮辱自己，這是缺乏自知之明，對自己沒有自信的表現。他對待下級的態度往往很惡劣，要求也很過分，在員工中製造緊張氣氛，使他們如履薄冰，無法安心工作。這種做法是完全錯誤的。

在美國，傳說一位剛剛嶄露頭角的候選人，向一位資深的政界要人請教如何拉選票，如何在政治上獲得成功。

政客提出了一個條件：「你每次打斷我說話，就得付五美元。」

候選人說：「好的，沒問題。」

政客說：「第一條，聽到別人詆毀或污蔑你時，切勿動怒。」

「噢，我能做到。不管人們說我什麼，我都不會生氣。我對別人的話毫不在意。」

「很好，這是我的第一條經驗。但是，坦白地說，我不願意讓你這種不道德的流氓當選……」

「先生，你怎麼能……」

「請付五美元。」

「哦！這只是一個教訓，對不對？」

「是的，這是一個教訓。但我確實認爲你是個流氓……」

「你怎麼能這麼說……」

「請付五美元。」

「呵！呵！」候選人氣急敗壞地說，「這又是一個教訓，你的十美元賺得也太容易了！」

「沒錯，十美元。是不是把錢付清，我們再繼續？誰都知道你是個不講信用的無賴……」

「你這個可惡的傢伙！」

「請付五美元。」

「啊！又一個教訓。我還是控制控制自己的脾氣吧。」

「好，我收回前面的話，我並不是那麼想的，我認爲你是一個值得尊敬的人物，考慮到你低賤的家庭出身以及那個聲名狼藉的父親……」

「你才是個聲名狼藉的惡棍！」

「請付五美元。」

就這樣，年輕的候選人交了二十美元的學費，上了一堂自我克制課。政客又告訴他：「在政壇上，就不是五美元的問題了，記住，你每一次發火，至少會失去一張選票。」

出言不遜從未給任何人帶來過任何好處，因爲那是虛弱的標誌。沒有人會因它而更強大、更富有、更快樂或更聰明。它讓教養良好的人反感、厭惡。

衡量一個人的力量，必須看他能在多大程度上克制自己的情感，而不是看他發怒時爆發出來的威力。人們是否見過一個人受到凌辱時，只是臉色稍微有些蒼白，就立刻平靜下來？

陷入極度的痛苦後，仍然像石雕一樣挺立著，穩穩地控制著自己？每天忍受敵人的審訊，卻始終保持沈默，沒有透露一丁點情報？這才是眞正的力量！擁有強烈感情卻保持貞潔的人、非常敏感但內心充滿憤慨的男子漢、遭到挑釁卻仍然能控制自己並寬恕別人的人——才是眞正的強者，精神上的英雄！

善於避免極端傾向帶來的平靜是多麼美妙啊！它能使人們免除多少激烈的自責！面臨突然挑釁，要一言不發，表現出未受干擾的平靜心態。如果他當時發怒了，或者僅僅因爲當時的憤怒，或者因爲自己不小心說錯了話，或者表現出內心深處的眞實想法，從而有失風度，隨後必定會深以爲恥。神經緊張而易怒是個性中的最重大缺陷之一，往往激化矛盾並使之心存報復，破壞一個人待人處世的原則，使生活變得一團糟。

富蘭克林告誡青年：消融暴怒偏激的情緒，能使人際關係和諧，使生活充滿陽光和歡笑。

3.「原諒」他人即是跟「快樂」做朋友

富蘭克林說：「寬恕、原諒絕對是一種美德。」一個常懷有報復心理的人，永遠不會得到快樂，他只有跟痛苦做伴的份兒；心懷寬廣的人，快樂會永遠圍繞在他身旁。

讓我們先來看兩個有關婚外情的案例。

第一個案例：

瑪德麗絲女士，三十二歲，已婚，尚無子女，長得清秀動人，先生是某皮包製造公司的老闆。夫妻兩人是經由戀愛結婚的，婚後生活甜甜蜜蜜，羨煞了不少人。先生在事業有成之後，一顆躁動的心開始蠢蠢不安了。一次，在外出拜訪客户時，認識了某公司的一個未婚的女接待員，雙方均產生了好感，後來竟漸漸地發展成爲卿卿我我的紅粉之交，幾乎每兩三天就約會一次。

剛開始時，先生是瞞著太太的，後來還是被太太察覺了。瑪德麗絲屬於對感情有潔癖、非常執著的人，在歇斯底里地大吵大鬧一番之後，開始與先生冷戰，長達三個月的時間，不跟先生說一句話。兩人同時在家時，她則經常以摔東西來發洩心中的怒氣，先生原本是頗有悔意，想斬斷情絲、挽回家庭的，但看到太太難以溝通的模樣，又賭氣地重新回到了新歡處尋求慰藉。最後，雙方愈演愈烈，只好以離婚收場。

第二個案例：

珍妮，三十一歲，已婚，育有一女，是屬於古典美人型的，原是某航空公司的空中小姐，與先生在一次飛行途中認識。先生是某進出口貿易公司業務部經理。婚後，小倆口恩愛無比，但就在珍妮懷小女兒時，先生的辦公室裏一位剛離婚的會計小姐對先生大獻殷勤，最後，先生禁不住誘惑而與她發生了關係。事後先生感到非常懊悔，主動向太太自首、認錯，珍妮則是屬於成熟理智型的女性，她在適度地責備先生之後，以寬恕的心接受了他的懺悔，先生則毅然斬斷了那段不正常的男女關係，重新回歸了家庭。

「報復」永遠跟「痛苦」做朋友，「原諒」則跟「快樂」做朋友；瑪德麗絲是執著、報復的受害者，珍妮則是原諒、寬恕的受益人。俗話說：「福隨量增，把量放大，福就大。」我們當然譴責婚外情，但正如富蘭克林所說，「寬恕、原諒絕對是一種美德」。不管任何事情，一個熱衷於報復的人，痛苦經常會來叩她的門扉；一個懂得寬恕原諒的人，快樂也會將陽光灑滿她的心田。

有位西方哲人說得好：「想對方的好處，可以打開天堂路；看對方的壞處，就是自掘地獄門。」當自己與人發生齟齬時，只要多想想對方的好處，多看看對方的優點，自己的氣就會消、量就會大。原諒的秘訣就是多想對方的好處，少看對方的壞處。

《聖經》裏有這麼一個故事：

一個婦女犯了淫戒，眾人將她捆綁起來，要用石頭砸死她，耶穌說：「你們之中，誰自認爲從來沒有犯過錯的，就有資格砸死她！」結果大家都面面相覷，誰也出不了手。

佛陀提倡「無緣大慈、同體大悲」，眼前的眾生都是自己過去的父母、未來的諸佛，自己對之恭敬、慈悲都來不及，哪能心存怨懟報復呢？

富蘭克林指出：一個懂得原諒別人的人，才是快樂的生活大師。

4. 任何時候，都要控制衝動的行為

控制自己的衝動，是件非常不容易的事情，因爲每個人的心中，永遠存在著理智與感情的鬥爭。

「如果你想在未來的奮鬥中取得成功，就必須學會控制衝動。首先控制你自己，然後你才能控制別人。」富蘭克林這樣說。控制自己的衝動不是件容易的事情，因爲每個人的心中，永遠存在著理智與感情的鬥爭。控制衝動的全部內容是：按理智判斷行事，克服追求一時感情滿足的本能願望。一個眞正具有控制衝動能力的人，即使在情緒非常激動時，也是能夠做到這一點的。

控制衝動表現爲一種自我控制的感情。自己來戰勝自己的衝動感情，證明自己有控制自己命運的能力。如果任憑自己的感情支配自己的行動，就會使自己成爲感情的奴隸。一個人，沒有比被自己的衝動感情所奴役而更不自由的了。

人們的感情衝動容易傾向於獲得暫時的滿足。理解了這一點，人們便向著養成控制衝動

習慣邁出了重要的第一步。

不論自己如何享受現在的生活，控制衝動、深謀遠慮總會有益於考慮未來。不要把未來看做一個永遠不會顯現的模糊的小點兒。它會顯現的，而且幾乎總是比人們預期的來得早。如果現在不能有效地控制住衝動，惱人的未來總是提前到來。

另一方面，控制衝動是一個培養正確理解現實的能力的問題。一個人只要有相當的知識和智慧，就不會拿「我沒有另外的選擇，我不得不這樣做」這種話，做行事衝動的藉口。

然而，這種「不是藉口的藉口」，總是被那些因衝動而導致不斷失敗的人一再使用。他們拒絕向自己這樣要求：假如理智告訴他們，因現在的一時衝動引發的長期的後果可能是破壞性的，他們便不犯這種錯誤。抉擇在於：付出短期不自在的代價，換取享受長期的更大的報償。值得反覆提醒的一句是：「你永遠有一個選擇。」例如，一個沒有養成控制衝動習慣的人，可能反覆地屈從於一種誘惑，而和過去已給他帶來不少難題的某人打交道。這種錯誤的後果，甚至嚴重到能長期影響一個人的成敗。

付出同樣的努力，一個人成功了，另一個人卻失敗了。他們可能都知道成功的途徑，但他們之間有一個主要的區別：成功的人總是約束自己，去做正確的事情，失敗的人總是容忍自己衝動的感情占上風。

如同所有的習慣一樣，控制衝動也是一種經過訓練而得到的能力。富蘭克林先生告誡青年：第一，你必須不斷地分析你的行動可能帶來的長期後果。第二，你必須不屈不撓地按照你爲爭取長期的最大利益的決定而行動。

5.善於忍讓的人，永遠是個大贏家

富蘭克林認爲：忍讓是避免極端傾向的消融器，是化解報復心理的智慧春風。當「智慧」已經鈍化，「天才」無能爲力，「機智」與「手腕」已經失敗，其他的各種能力都束手無策、宣告絕望的時候，走來了「忍讓」。由於忍讓，不可能的事情做成了，成功便得到了。

在中國人眼中，忍讓是一種美德，是一種成熟的涵養，更是一種以屈求伸的深謀遠慮。同時，忍讓也是人類適應自然選擇和社會競爭的一種方式。

做自己所高興做的事，做自己所喜歡而感到熱誠的事，這是很容易的。但是要全神貫注地去做那些不快的、討厭的，爲自己的內心所反對的，但是又不得不去做的事，卻是需要勇氣、需要耐性的。每天懷著堅強的心，懷著勇氣與熱忱去從事自己所不想做的工作，從事自己內心反抗，只是因爲義務而不得不幹的事，日復一日這樣下去，眞是需要英雄般的勇氣與忍讓力。

然而，定下了一個大目標，不管它可喜可厭，不管自己高興或不高興，總是全力以赴的人，最後總是能有好結果的。

工作是這樣，生活中也是這樣，人們總會碰到自己不願意卻又不得不做的事情，這時就需要這種忍讓力。

在生活中，有許多無謂的爭端都是源於在小事上不能忍讓。一時不能忍，常常會鑄成大錯，不僅傷人，而且害己，這並不是什麼真正的勇士。凡事都能夠容忍，就算不是英雄，也是個能成大事的人。

忍讓並非是一種懦弱，而是一種修養，能夠忍讓人性中「惡」的東西，也是一種自我磨煉。

「退一步海闊天空，忍一時風平浪靜」，在生活中提倡的忍讓，並不是一種強行的壓抑，有許多人強行壓抑各種願望，把苦悶、煩惱和痛苦都藏於心中，什麼事情都忍著，最終總會把自己忍出病來的。忍讓是一種處世的藝術，是一種淡然的生活態度，是將生活中不快的事和許多不良的情緒淡化和遺忘。

生活中有許多事情，不用看得太重。人們只在乎一件事情時，才會覺得無法忍讓；如果把一些事情看得淡一些，不讓它們在自己心中留有重要的分量，這時，就不會覺得是在忍讓了。這就是「忍者無敵」的道理。

富蘭克林強調：不管發生什麼樣的變化，都相信能堅持、能忍讓的人才能取得成功；也只有能忍讓的人，才能夠適應各種各樣的環境，從而活得自在超脫，讓人生彰顯亮點。

6. 永遠不要心存仇恨和報復

富蘭克林說：「如果有個自私的人占了你的便宜，把他從你的朋友名單上除名，但千萬不要想去報復。一旦你心存報復，對自己的傷害絕對比對別人的大得多。」

報復怎麼會傷害自己呢？美國《生活》雜誌載文說，報復可能毀了一個人的健康，「高血壓患者最主要的個性特徵就是仇恨」，「長期的仇恨與報復心理造成慢性高血壓，引起心臟疾病。」

耶穌說：「愛你的敵人。」這不只是在傳道，宣揚的也是一種醫術。耶穌說：「原諒他們七十七次。」他是在告訴人們如何避免患高血壓、心臟病、胃潰瘍以及過敏性疾病。

憤怒不會對人有一點點好處，明智的人懂得不論發生任何狀況都不得動怒。醫生都瞭解：如果心臟衰弱，任何一點憤怒都會要人的命。真的要人命嗎？

幾年前，華盛頓一位餐廳的老闆因一次憤怒而亡。一份警方報告說：「威廉・法卡伯曾是咖啡店老闆，因廚子堅持用碟子飲用咖啡，他竟一怒而亡。驗屍報告宣告心臟衰竭的起因是憤怒。」

當耶穌說「愛你的敵人」時，他也是在告訴你如何改進自己的容貌——一些人的容貌因仇恨、憤怒滿面皺紋或變形。再好的整容外科也挽救不了，更遠不及因寬恕、溫柔、愛意所形成的容顏。

仇恨使人們連美食當前也食不甘味。《聖經》上是這麼說的：「充滿愛意的粗茶淡飯，勝過仇恨的山珍海味。」

如果自己的仇人知道他所做的事能消耗對方的精力，使對方神經疲勞、容顏醜化、心臟衰竭、提早歸西，他難道不會搓手偷笑嗎？

即使人們沒辦法愛自己的敵人，起碼對自己也應該多愛一點，不讓敵人控制自己的心情、健康以及容貌。

莎士比亞說過：仇恨的怒火，將燒傷你自己。

做人要寬容豁達，永遠不要對人心存仇恨，否則，將增加對自己的傷害。

富蘭克林告誡青年：切勿浪費任何一分鐘去仇恨我們的敵人。

7.樹敵是一種愚蠢的處世之道

富蘭克林認為，樹敵絕對是一種愚蠢的處世之道，必將給自己人生的旅程添加障礙。

一九九六年六月，在俄羅斯大選中爆出了一個大冷門：列別德單槍匹馬競選總統，獲得了15％的選票，名列第三。後來，葉爾欽為了蟬聯總統，將列別德招至麾下，委以安全會秘書和總統國家安全助理的重任。這使支持列別德的選民轉而支持葉爾欽，為葉爾欽在第二輪選舉中奠定了勝局。於是，列別德名聲大振，成了政壇的大紅人。連葉爾欽都預言：列別德將成為二〇〇〇年的俄羅斯總統。

可是，就是這位政壇紅人，在十月十七日，被葉爾欽撤銷一切職務。僅僅一百二十一天，這位被稱為「明星政治家」的人被攆出了克里姆林宮。列別德這麼快就從權力高峰跌落下來，原因何在呢？

葉爾欽引用了克雷洛夫著名的寓言說：國家的集體領導應該團結一致，擰成一股繩來工作。可現在成了「天鵝、蝦和梭魚」——各行其是（寓言講天鵝等共拉一輛大車，天鵝向上飛，梭魚朝水中游，蝦卻往岸上爬，結果，費了九牛二虎之力，但大車還是紋絲不動，而使他們分開的正是「天鵝」。「列別德」在俄語中恰好是「天鵝」的意思）。列別德得罪人太多，誰也保不了他。

在評論這事件時，柯維引用了美國成功學大師戴爾．卡耐基的一句名言：「在影響一個人成功的諸多因素中，人際關係的重要性，要遠遠超過他的專業知識。」

一個人意見相左的敵人越多，他的人際交往也就越失敗，他的事業就越難以發展。無論是偉人、名人還是平常老百姓，都或多或少有一些「敵人」——和自己意見、觀點、性格都相反的人。志不同，道自然也不合。

無論在學校、官場還是商場，一個人如果把同學、同事或同行作爲競爭的死對頭來看待，會整天處於一種焦慮的狀態之中。「他現在比我厲害，我一定要還以顏色，一定要超過他、打敗他，讓他向我認輸。」如果帶著這種心態進行競爭的話，可能會不擇手段，運用奇招異術攻擊對手，即使贏得勝利，也可能禍及雙方的人際關係，傷了大家的和氣，對人對己都沒有好處；而且以戰勝他人作爲自己追求的目標，未免太低估自己的潛力。

人們實在沒有必要給自己樹立太多的敵人，「樹敵」的確是一種愚蠢的處世之道，不僅傷害別人，對自己更是百害而無一利。

富蘭克林強調：多個朋友多條路。與其樹人為敵，不如化敵為友，這樣，人生之路才會越走越寬，越走越順。

第四條 平靜

PART 04

戒除不必要的煩惱，即那些瑣碎、常見的和不可避免的不順利的事情

要心胸開闊，
不要爲令人不快的區區瑣事而心煩意亂，
悲觀失望。
讓你的不滿成爲你的秘密——
如果讓世人知道了，
他們會看不起你，
而且會增加對你的不滿。

1.平靜安寧的心境是修養心性的必修課程

富蘭克林說：擁有平靜的內心，便是擁有了智慧的珍寶，這需要一個人在自我控制能力的提高方面，做出長期而持久的努力。心態平靜的人，一定是具有豐富人生經歷的人，他們通曉思想的法則，和這些法則的運作方式。

一個人只有感覺到自己的思想越來越趨於成熟，才會變得平靜下來。這的確需要一個過程。在此過程中，他會越來越清醒地認識因與果的關係，和事物本身的內在聯繫：他的浮躁、憂愁、悲哀都將不復存在，代之以寧靜平和。

一個內心平靜的人，因爲能夠自我約束，所以懂得怎樣與別人相處。反過來，別人又從他的身上受益，得到鼓舞和信賴。一個人越是平靜安寧，越容易成功，他的影響、他的力量於是又會加大。一位普通的商人，在不斷地培養起自制力，進而能處之泰然地處理生意場的事情之後，就會不知不覺地發現他的生意一天比一天紅火起來。分析其中原因，就是人都喜歡與性情平和、神態安詳的人交往。

性情平和、能力超群的人，很容易贏得人們的尊敬與愛戴。他就像烈日下能爲人遮蔭的參天大樹，或者暴雨中能爲人擋雨的高大岩石。無論外界的境況現在是怎樣的、將會發生怎樣的變化，他們都能安之若素、不爲所動。這與他們總能保持內心的平靜不無關係。

這種平靜安寧的心境，是人們修養心性必修的課程。它是人生的花朵，是心靈的果實，像智慧一樣珍貴，比黃金更值得人們追求——是的，它比純金更令人渴望。相對於平靜安寧的人生，一心追求黃金的人，是多麼的不值一提啊！這樣的人生，存在於永恆的眞理中，存在於永恆的宇宙中。

可是，人們生活的世界，還有那麼多的人無法獲得內心的平靜，失去了很多的人生樂趣。他們多數控制不住自己暴躁的脾氣，因而毀掉了甜蜜的生活，痛苦無比。這都是因爲他們平時缺乏自我約束，給本該幸福的人生帶來遺憾。現實生活中，我們能夠遇到的善於控制自己心態、性情平和的人是多麼的少啊！

是的，人的情緒容易失控，如因憤恨而發怒、因傷心而悲痛，那些富有智慧的人，他們善於駕馭自己的思想，善於淨化自己的心靈，他們能做到心無雜念、隨心所欲。

有一位小和尚，每次坐禪時都幻覺有一隻大蜘蛛在他眼前織網，無論怎麼也趕不走，師父就讓他坐禪時拿一支筆，等蜘蛛來了，就在它身上畫個記號，看它來自何方。小和尚照辦了，在蜘蛛身上畫了個圓圈，蜘蛛走後，他安然入定了。

當小和尚做完功一看，那個圓圈就在他自己的肚子上。

這位小和尚坐禪時，老覺得有一隻蜘蛛跟他搗蛋，是因爲心不靜。佛家說「心地不空」，不空所以不靈。哲人說，許多困擾和煩躁往往來自於自己。用物理學上的話說，兩物不能同時並存於同一空間。這一物理定律同樣可以用在心靜方面。

下面這個故事，同樣說明了心靜的重要性。

一個富有的農夫在巡視穀倉時，不愼將一隻名貴的手錶遺失在穀倉裏。他在偌大的穀倉內遍尋不獲，便定下賞金，要農場上的小孩到穀倉幫忙，許諾誰能找到手錶，就給他五十美元。

眾小孩在重賞之下，無不賣力地四處翻找，但是穀倉內到處是成堆的穀粒，以及散置的大批稻草，要在這當中找尋小小的一隻手錶，實在是大海撈針。

小孩們忙到太陽下山仍無所獲，一個接著一個放棄了五十美元的誘惑，回家吃飯去了。只有一個貧窮的小孩，在眾人離開之後，仍不死心地努力找著那只手錶，希望能在天黑之前找到它，換得那筆巨額賞金。

穀倉中慢慢變得漆黑，小孩雖然害怕，仍不願放棄，手上不停摸索著，突然他發現一個奇特的聲音。

那聲音「滴答、滴答」不停響著，小孩登時停下所有動作，穀倉內更安靜了，「滴答」聲十分清晰。小孩循著聲音，終於在偌大漆黑的穀倉中，找到了那只名貴的手錶。

如果一個人的內心不受複雜的外界干擾，讓它平靜下來，就可以得到自己想要得到的一切。

所以，無論生活在什麼樣的境遇裏，歷經風雨的心靈都能夠感知，幸福就在前方向自己招手，自己終將登上幸福的彼岸。要做的就是堅定自己的思想，緊握思想的槳。一個人的心靈有時會疲憊得沉睡過去，那就叫醒它。

富蘭克林指出：自制力需要意志力爲輔，理念需要以控制力駕馭，平靜安寧是一種能量。要不斷地對自己內心說：「我想得到心如止水般的寧靜。」這樣，平靜安寧的心境就會悄然而至。

2.超強的自制力是獲得力量與寧靜的途徑

富蘭克林說：「克制自己、約束自己、淨化自己是獲得眞正力量與持久寧靜的途徑，否則，你無法擁有超強的自我監控能力，同時遠離幸福。」

如果一個人的內心正被複雜多變的情緒所左右，就需要有人用外力幫助他堅定人生的步伐；如果一個人一定要仰仗自身的一己之力，圓滿地度過一生，並期望有所成就，那麼就必須提高自己的心性，避免那些無聊情緒的干擾。

堅持每天清理自己的頭腦，使之清靜，達到空靈的境界。這需要用平靜的內心抑制煩躁的內心，用強勁的思想代替虛弱的思想。如果一個人能成功地完成這樣的轉變，就能駕馭自己的思想，解決任何難題，實現美好的人生理想。

因爲一個人如果內心達到空靈的境界，就能聚集並引導身體內的思想能量。這樣的人是能夠拯救自身靈魂的人，他的成就將不可限量。

一個人一旦具備了超強的自制力，可以控制自己隨時產生的衝動，駕馭自己的思想，就會感覺得到內心正在產生一種全新的、無聲的能量，也會發現在面對任何一件突發事情時，都能應付自如。一直潛伏在身體裏的能量終於得以挖掘，曾經經常慨歎無能爲力的事情，現在卻能以一種成功後的平靜自信，輕鬆地完成它。

獲得了這種全新的、無聲的能量，內心也會得到啓發，那種被稱爲直覺的東西開始甦醒，將不再在黑暗與猜疑中穿行，光明與肯定正在前方。

直覺的甦醒拓展了心靈的視野，判斷力和辨識力相應提高，思想趨於深邃。對於即將發生的事情會產生預感，甚至會預感到做怎樣的努力，把這事情導向怎樣的結果。僅憑這一點，你很快會成爲一個具有不凡見識的人。

判斷事物尺度的改變，將促使「人生觀」相應發生變化，待人態度的改變；反過來，也促使別人對自己的態度發生轉變。超越低俗的、衰敗的、具毀滅性的思想，自己就會向純潔、高尙的心靈發出積極向上的思想能量。此時，無限的幸福正等待著自己，自己也將知道自制力產生歡樂和力量。

這力量不會在自己身上終止，會繼續散發強勁的能量，吸引像自己一樣的強者，自己的影響力不斷增強，順應自己的內心世界，藉以改變自己的外在世界。

「我的敵人，就是我們大家的敵人。」人們如想獲得幸福與強健，就要放棄做一個消極的、乞求的、卑鄙的被動接受者。如同一個好的主人善於管理僕人，擅長款待客人，人們要學會管理自己的欲望。人們需要樹立權威，對於有資格佔據自己心靈一角的思想，能夠做出肯定的判斷。

富蘭克林指出：每一次成功地應用自己的自制力，都可以增強一個人的能量。越是自制力比較強的人，越容易擁有令人無法企及的智慧、能量和安寧。他們懂得，一個人一旦成了自己心靈的主人，它就能夠讓宇宙間的所有力量爲他服務。

3.追求和諧的生活，保證身心健康

只要人們懂得使自己保持和諧的藝術，那麼就能千百倍地增加自己的力量。富蘭克林認爲：和諧是一切效率、美好和幸福的秘密所在。

大音樂家奧樂·布林有一個「毛病」，就是在他的提琴完全定弦之前，他是不會在公眾面前演奏的。在表演期間，如果一根弦路鬆了一點，即使這種不和諧只有他一個人注意到了，他必定會在繼續演奏之前，爲他的提琴定弦，他可不管這需要多長時間，也不管他的聽眾是如何的騷動不安。一個蹩腳的音樂人，是不可能這麼精益求精的。他可能會對自己說：「即使一根弦鬆一點也無關緊要，我將彈完這支曲子。除了我自己，沒有人會察覺出來的。」

一些偉大的音樂家說，沒有什麼東西比演奏一件失調的樂器，或是與那些沒有好聲調的人一起演唱，更能迅速地破壞聽覺的敏感性，更能迅速地降低一個人的樂感和音樂水準的了。一旦這樣做以後，他就不會潛心地去區分音調的各種細微差異，他就會很快地去模仿和附和樂器發出的聲音。這樣，他的耳朵就會失靈。要不了多久，他就會形成一種唱歌走調的習慣。在人生這支大交響樂中，使用的是哪種專門的樂器，無論它是提琴、鋼琴，還是在文學、法律、醫學或任何其他職業中表現的思想、才能，這些都無關宏旨，但是，在沒有使這些「樂器」定調的情況下，不能在自己的聽眾——世人面前開始演奏自己的人生交響樂。

一個人無論作什麼事情，都不要玩得走樣，都不要唱得走調或工作失調，更不要讓失調的樂器弄壞了耳朵和鑒賞力。即使是波蘭著名鋼琴家、作曲家帕代萊夫斯基那樣的人，也不可能在一架失調的鋼琴上，奏出和諧、精妙的樂章。

心理失調對工作質量來說是致命的。這些極具毀滅性的情感，比如擔憂、焦慮、仇恨、嫉妒、憤怒、貪婪、自私等等，都是工作效率的致命敵人。一個人受這些情感的困擾時，就不可能將他的工作做得最好。這就好像具有精密機械裝置的一只手錶，如果其軸承發生磨損就走不準一樣。而要使這只錶走得很準，那就必須精心地調整它。每一個齒輪、每一個輪牙、每根軸承、每一根石英軸承都必須運轉良好，因爲任何一個缺陷、任何一個麻煩、任何地方出現了磨損，都將無法使手錶走得很準。人體這架機器要比最精密的手錶精密得多。在開始一天的工作之前，人這架機器也需要調整，也需要保持非常和諧的狀態，正如演奏家在演出開始以前，需要將提琴調好一樣。

你是否見過洗衣店裏的滾筒洗衣機？它剛開始旋轉時，聲音極爲顫抖，似乎要轉碎一般。但是，漸漸地，隨著轉速的加快，它的聲音變得越來越微小，當它的轉速達到最快時，這架機器的聲音就小到幾乎沒有。一旦它達到了完美的平衡，什麼事情也擾亂不了它，而在它開始旋轉之前，哪怕是一件極小的東西，也能使它震顫、抖動不已。

一些雞毛蒜皮的小事，能使一個思想狀況不佳的人煩惱不已，但卻根本無法影響一個思想沈著、鎮定自若的人。即使是出了大事，即使是恐慌、危機、失敗、火災、失去財物或朋友，以及各種各樣的災難，都不可能使他的心理失去平衡，因爲他找到了自己生命的支點——心理平衡的支點，因此他不再在希望和絕望之間搖擺。他已經發現，自己是通行於整個宇宙的偉大法則的一部分。

和諧是一切效率、美好和幸福的秘密所在，和諧能使我們自己和生活保持一致。和諧意味著一切心理功能的絕對健康。沈著、安定、和藹與好的脾氣，往往能使我們的整個神經系統、我們所有的身體器官與新陳代謝過程保持協調，這種和諧，往往因磨擦衝突而受到破壞。

人類的身體像一部無線電報機。根據思想和理念的性質，它不斷地發出平和、力量、和諧或混亂的資訊。這些資訊以光速飛向四面八方，這些資訊往往也能找到它們自己的知音。

很奇怪，許多在其他一些事情上非常精明的人，在保持自身和諧這一重大精神事務上，卻往往非常短視、無知和愚蠢。許多白天歷經疲倦和失調的上班族，到了晚上，發現自己簡直完全累垮了。這種人如果在早上上班之前，捨得花一點兒時間好好地調整自己，那他們就會事半功倍，他們回家時就會依然精神煥發。

如果一個早上去上班的人，感到與每一個人都不一致、都不協調，如果他對生活——特別是對那些他必須應付的人和事——存在一種抵觸心態的話，他是不可能收到事半功倍的效果的。因爲他的大部分精力都白白浪費掉了。

從沒有試著去調整自己的人，不可能意識到，早晨上班之前好好地調整自己，會帶來巨大的好處。一個紐約的生意人在談到自己的成功秘訣時，說：每天早晨，在使自己的精神、思想和世界保持極好的協調之前，他是不會允許自己去上班的。如果他感到自己有點嫉妒他人或是內心不安，如果他感到自己有些自私和不公正，如果他不能正確對待他的合作夥伴或雇員，他就絕不去上班，直到他保持協調、直到他的思想清除了任何形式的混亂。他說，如果在早晨去上班時，自己對待每一個人都有一種正確心態，那他的整個一天都會過得很輕鬆、很愜意。他還說，心態混亂時去上班，他都不可能有像心態和諧時那樣好的效果，他容易使得周圍的人不快，更不要說他自己疲憊不堪了。

現在想來，許多人之所以過著一種憂鬱、貧乏的生活，其原因之一，便是他們不能從那些使自己精神失調、惱怒、痛苦和擔憂的事情中解脫出來，因而他們也無法使自己的精神獲得和諧。

一輩子無所成就、庸庸碌碌的人當中，其實有不少人能力很強，但由於他們總是處於心態失調的狀態，因而他們無法有效地開展工作。

富蘭克林指出：只要有一個人能幫他們掌舵，能幫他們作計畫，能幫他們將混亂和失調拒之門外，只要有人能幫他們保持協調，那他們也能作出非凡的事業來。那些成就非凡的人，都掌握了這種「精湛藝術」——使自身保持協調，處於寧靜與和諧之中。

4.不要陷入自尋煩惱的陷阱

「可以肯定地說，沒有哪一種煩惱會自動找上門來，相反的，那些動輒張口就說『眞煩』之類話語的人，倒是自尋煩惱呢。」富蘭克林這句見地頗深的話，在現代急促忙亂的社會中，得到了進一步印證。

是的，煩惱都是由於自己的內心想法所致，你想「煩惱」，就絕對不會快樂起來。人們要學會拒絕煩惱，首先要巧妙地繞過自尋煩惱的陷阱。下面是一些常見的自尋煩惱的陷阱：

1.滾雪球式地擴大事態

當問題第一次出現時就正視它，那麼它很容易就化爲烏有了。可有些人卻不是這樣，他們讓問題安營紮寨，讓它們像滾雪球一樣不斷地擴大下去。

最會滾雪球的人，總是遵照一條簡單的規則行事：「已經錯過了解決問題的時機，索性再往後拖拖。」比如，在婚姻關係中，把忿怒和苦惱埋在心底幾個月、甚至幾年。這樣就會積聚起足夠的壓力來拆散雙方的婚姻關係。

2.反「比斯利」之道而行

反「比斯利」之道而行這個方法，是以一個名叫羅德．比斯利的名字命名的。羅德．比斯利堅決反對把別人的問題攬到自己身上而自怨自艾。有一次，他和一個朋友同乘的一輛汽車，正要靠在一個十字路口的停車指示牌前，他還沒來得及把車停穩，他們後面那輛車裏的司機就開始按喇叭了。「那個傢伙有點耐不住性子了。」他朋友說。比斯利一面讓車慢慢向前滑行，一面環顧兩邊的路，說：「那是他的問題，我的問題是要在繼續通行之前，確保這個十字路口是安全的。」

「比斯利」就是拒不承擔本應屬於別人的問題。但是，如果反其道而行之，就可以找到一個自尋煩惱的最聰明的方法。你可以假想某個人不喜歡你，然後就把責任歸於自己。要不了多久，你就會憂鬱成疾：「這都是我造成的。」這樣你就代人受過，引咎自責吧！

3.盯著消極面，不遵從實事求是的積極原則

看事情，總是先看消極面。總是記住自己有多少次受到不公正的待遇，或者有多少次別人對自己說話的態度不友善。常對自己說：「我總是被所有的人曲解和欺負。」腦子裏常常出現那些不愉快的事情。如果偶爾想到自己有什麼優點，那也會趕快想起一件與此相對應的弱點。只要把注意力集中在那些不好的、吃虧的事情上，就能熟練地運用這種消極的思想方法，

來製造出煩惱以至憂鬱等種種症狀。「我早就知道會如此」綜合症告訴自己，如果預料到有什麼壞事會出現，它們多半是會兌現的。比如說，自己準備參加一個舞會，料想自己一定會十分難堪和狼狽，於是就孤伶伶地站在一旁，呆若木雞。後來，就可以為沒人理睬而歎息了。

4. 做不可能實現的夢

最可憐的一些人，是那些慣於抱有不切實際的希望的人。如果想徹底灰心喪氣，就把自己的目標制定得高不可攀吧！

5. 蠢人的黃金律

簡而言之，這條定律就是：「把其他人都看得一文不值」。運用這條定律的關鍵是首先嫌棄自己，對自己說：「我是不堪造就的，我是毫無價值的。」一旦貶低了自己的價值，接下來就會覺得其他人也同樣淺薄，於是便對他們採取不屑一顧的態度。這樣，保證會變得眾叛親離。

6. 製造隔閡

如果發現自己與妻兒之間的親密關係在不斷發展，不要驚慌失措。只要堅持照幾條普普通通的原則去辦，馬上就會在融洽的關係上，重新築起一道屏障。

首先，絕不要讚揚別人，確實做到不使用任何鼓勵之辭。其次，喋喋不休地批評、挑刺、埋怨，小題大做。最終，行使經濟制裁。告訴孩子們：「只要你開我的車、吃我的東西、住在我的房子裏，你就得照我說的辦。」他們的忿恨和不滿，馬上就會形成一道令你滿意的代溝。

7.以殉難者自居

把自己比作殉難者，總是能找到適當的機會的。母親們可以過度地承擔家務勞動，然後對自己說：「沒有一個人眞正心疼我，對我們家來說，我不過是一個僕人而已。」父親們也能採取同樣的方法：「我的骨架都累散了，誰也不把我當回事。大家都在利用我。」

把自己放在受苦受難的地位上，不僅利於製造自己的惡劣情緒，而且還能使周圍的人感到討厭——這樣會使自己的感覺變得更糟。

以上幾種自尋煩惱的陷阱，清楚地說明了人們有能力支配自己的生活；人們不僅能夠，而且的的確確是在按照自己的意圖製造問題甚或病痛。如果你在上列各條原則中發現了自己的影子，希望你能夠猛然悔悟：「嘿！我就是這樣做的。以後我可不能這麼辦了！」

在生活中，一個人不會永遠有特權去做自己高興的事，但是有權利從自己的所作所爲中，得到最多的樂趣。一個人能夠無事生非、自尋煩惱，同樣，也能克服它們。這個選擇權就在於自己了。

5.誰為瑣事煩惱，誰就會使生命之樹枯萎

富蘭克林說：「要心胸開闊，不要爲令人不快的區區瑣事而心煩意亂、悲觀失望。」人活在世上只有短短幾十年，卻浪費了很多時間，卻愁一些一年內就會被忘了的小事。下面是一個也許會讓人畢生難忘、很富戲劇性的故事。故事的主人公叫羅勒．摩爾。聽聽他的講述吧。

「一九四五年三月，我學到了我這一生中最重要的一課。」他說，「我是在中南半島附近二百七十六公尺深的海底下學到的。當時我和另外八十七個人一起，在貝雅S．S．三一八號潛水艇上。我們被雷達發現，一支日本艦隊正朝我們這邊開過來。在天快亮的時候，我們升出水面發動攻擊。我從潛望鏡裏發現一艘日本的驅逐護航艦、一艘油輪和一艘佈雷艦。我們受到攻擊，還繼續向前駛去，我們準備攻擊最後一條船——那條佈雷艦。突然之間，它轉過身子，直朝我們開來。我們潛到一百五十公尺深的地方，以避免被它偵測到，並隨時準備好應付深水炸彈。我們在所有的艙蓋上都多加了幾層蓋子，同時爲了要使我們的沉降保持

絕對的靜寂，我們關了所有的電扇、整個冷卻系統和所有的發電機器。」

「三分鐘之後，突然天崩地裂，六枚深水炸彈在我們上方爆炸開來，把我們直壓到海底——深達二百七十六公尺的地方。我們都嚇壞了，在不到一千公尺深的海水裏受到攻擊，是一件很危險的事情——如果不到五百公尺的話，差不多都難逃劫運。而我們卻在約五百公尺一半深的水裏受到了攻擊——所以情況可想而知是非常糟糕。那艘日本的佈雷艦不停地往下丟深水炸彈，攻擊了十五個小時，要是深水炸彈距離潛水艇不到十七公尺的話，爆炸的威力就可以在潛艇上炸出一個洞來。有十幾二十個深水炸彈就在離我們五十公尺左右的地方爆炸，我們奉命『固守』——就是要靜躺在我們的床上，保持鎮定。」

「我嚇得幾乎無法呼吸：『這下死定了。』電扇和冷卻系統都關了之後，潛水艇的溫度幾乎有五十多度，可是我卻怕得全身發冷。穿上了一件毛衣，以及一件帶皮領的夾克，可是還冷得發抖。我的牙齒不停地打顫，全身冒著一陣陣的冷汗，攻擊持續了十五個小時之久，然後突然停止了。顯然那艘日本的佈雷艦把它所有的深水炸彈都用光了，就駛離了。」

「這十五個小時的攻擊，感覺上就像有一千五百萬年。過去的生活都一一在我眼前映現，我記起了以前所做過的所有的壞事，所有的曾經擔心過的一些很無稽的小事情。在我加入海軍之前，我是一個銀行的職員，曾經爲工作時間太長、薪水太少、沒有多少升遷機會而發愁。我曾經憂慮過，因爲我沒有辦法買自己的房子，沒有錢買部新車子，沒有錢給我太太買好的衣服。我非常討厭我以前的老闆，因爲他老是找我的麻煩。我還記得，每晚回到家裏的時候，我總是又累又難過，常常跟我的太太爲一點芝麻小事吵架；我也爲我額頭上的一個小疤——是一次車禍留下的傷痕發愁過。」

「多年前，那些令人發愁的事看起來都是大事，可是在深水炸彈要把我送上西天的時候，這些事情又是多麼荒謬、微小。就在那時候，我答應我自己，如果我還有機會再見到太陽和星星的話，我永遠永遠不會再憂慮了，永遠永遠，永遠永遠！在潛艇裏面那十五個可怕的小時裏，我從生活裏所學到的，遠比在大學念了四年的書所學到的要多得多。」

羅勤．摩爾在危難之中，悟出了人不應爲生活中的瑣事——或者看起來是大事的事——憂慮煩惱的眞諦。人們通常都能很勇敢地面對生活的大危機，可是卻被一些小事搞得垂頭喪氣，這實在是很不值得的。

在日常生活中，「小事」如果發生在夫妻生活裏，也會把人逼瘋，甚至會造成「世界上半數的傷心事」。

芝加哥的約瑟夫．沙巴士法官，在仲裁過四萬多件不愉快的婚姻案件之後，說道：「婚姻生活之所以不美滿，最基本的原因通常都是一些小事情。」紐約郡的地方檢察官法蘭克．

荷根也說：「我們的刑事案件裏，有一半以上都起因於一些很小的事情：在酒吧裏逞英雄，爲一些小事情爭爭吵吵，結果引起傷害和謀殺。很少有人眞正天性殘忍，一些犯了大錯的人，都是因爲自尊心受到小小的傷害、一些小小的屈辱、虛榮心不能滿足，結果造成世界上半數的傷心事。」

羅斯福夫人剛結婚的時候，每天都在擔心，因爲她的新廚子做飯做得很差。「可是如果事情發生在現在，」羅斯福夫人說，「我就會聳聳肩膀把這事給忘了。」其實，這才是一個很好的做法。就連凱薩琳女皇——這個最專制的女皇，在廚子把飯燒壞了的時候，通常也只是付之一笑。

有一條大家都知道的法律上的名言：「法律不會去管那些小事情。」一個人也不該爲這些小事憂愁，如果他希望求得心理上的平靜。

在多數的時間裏，要想克服被一些小事所引起的困擾，只要把看法和重點轉移一下就行了——讓自己有一個新的、能使自己開心一點的看法。

荷馬·克羅伊，是個寫過好幾本書的作家。他舉了一個怎麼樣能夠做到這一點的好例子。以前他寫作的時候，常常被紐約公寓熱水爐的響聲吵得快發瘋。水汽會砰然作響，在後又是一陣滋滋的聲音——而他會坐在他的書桌前氣得直叫。

「後來，」荷馬．克羅伊說，「有一次，我和幾個朋友一起出去露營，當我聽到木柴燒得很響時，我突然想到：這些聲音多麼像熱水爐的響聲，爲什麼我會喜歡這個聲音，而討厭那個聲音呢？回到家以後，我對自己說：『火堆裏木頭的爆烈聲，是一種好聽的音樂，熱水爐的聲音也差不多，我該埋頭大睡，不去理會這些噪音。』結果，我果然做到了：頭幾天我還會注意熱水爐的聲音，可是不久我就把它們整個忘了。」

「很多其他的小憂慮也是一樣，只因爲不喜歡，結果弄得整個人很頹喪，只不過因爲我們都誇張了那些小事的重要性……」

狄士雷里說過：「生命太短促了，不能再只顧小事。」

下面是哈瑞．愛默生．傅斯狄克博士講的一個非常有趣的故事——有關森林的一個巨人在戰爭中怎樣得勝、怎樣失敗。

「在科羅拉多州長山的山坡上，躺著一棵大樹的殘軀。自然學家告訴我們，它曾經有四百多年的歷史，它初發芽的時候，哥倫布才剛到美洲登陸；第一批移民到美國來的時候，它才長了一半大。在它漫長的生命裏，曾經被閃電擊中過十四次；四百年來，無數的狂風暴雨侵襲過它，它都能戰勝它們。但是在最後，一小隊甲蟲攻擊這棵樹，那些甲蟲從根部往裏咬，漸漸傷了樹的元氣，這些很小但持續不斷的攻擊，使它倒在地上。這個森林裏的巨人，歲月不曾使它枯萎，閃電不曾將它擊倒，狂風暴雨沒有傷著它，卻因一些小得用拇指跟食指就可以捏死的小甲蟲，終於倒了下來。」

人們豈不都像森林中那棵身經百戰的大樹嗎？人們曾經歷過生命中無數狂風暴雨和閃電的打擊，但都撐過來了，可是卻會讓自己的心被憂慮的小甲蟲咬噬——那些用大拇指跟食指就可以捏死的小甲蟲。所以，爲了使生命之樹長青，千萬不可爲瑣事煩惱。

6.告別煩惱的十五個小辦法

下面的十五個小辦法，可幫助人們儘快的擺脫煩惱。大家不妨試一試，看看是否靈驗。

1.集中精力在其他興趣上

盡可能使思維分散，並將精力集中在其他興趣上。如閱讀小說、聽音樂、請假到外地度假。在週末期間，不要讓自己閑下來。

2.利用運動來忘掉不如意

要忘掉不如意的事，活動身體最有效，它能使身心舒暢，具有安定心理的效果。但是千萬不要活動得太激烈、和做有壓力的競爭性運動。

3.流汗的運動

跳有氧舞蹈、韻律舞、游泳或騎自行車，使自己充分流汗，在流汗的同時，煩惱就會隨汗水一起流失了。

4.大聲喊叫

假日，打扮得輕爽些，和友人到海邊或空曠的山上，大聲喊叫，以發洩內心的不滿和不如意。

5. 倒立二、三分鐘

身體倒立二、三分鐘，可以使心平靜下來，對外界的事務，不妨和倒立的身體一樣反身過來看，儘量想想其他高興的事。退一步想，任何事皆能一笑置之。

6. 改變常走的道路

每天走同一條路上班的人，不妨改一下路線，對第一次走的道路，能對感覺產生一些刺激，心情自然舒暢。

7. 吃東西

不妨到餐館飽餐一頓，或在家中大吃特吃一番，因爲肚子吃飽了，思考力就會弱，不想動，也較容易入睡。

8. 不要讓手停下來

如做家事、織東西，身體一疲勞，精神也跟著疲勞，就容易入睡。

9. 改變環境，改變自己

環境一變，氣氛自然不同，尤其改變自己的裝扮，不僅讓他人耳目一新，自己也彷彿換

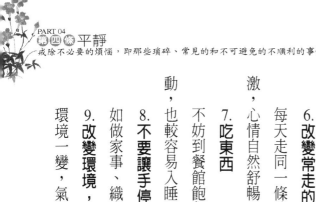

了一個人。

10. 改變服飾

喜愛保守打扮的人，不妨改變造型，穿與以前不同的衣服，儘量裝扮得漂亮一些，氣氛明朗，心情也會跟著好起來。

11. 獨自出遊

趁假日一個人出遊，但切勿參加旅行團，因爲固定的行程和太多的人，會更影響你的情緒。獨自出遊，交通以火車爲佳，可在欣賞風光之餘，完全放鬆自己，也不會有第三者引發你訴苦的傾向，可達到眞正的身心愉快。

12. 廣交朋友

交些工作性質不同、興趣不同的朋友，在「不同感受」下，或許壞心情自然會改變。

13. 在高樓上眺望夜景

晚上，由高樓眺望景致，特別美麗，由高望下，所見之物似乎都縮小了，還有什麼事好計較的。看看日出、海景等大自然景觀，也會使心胸開闊。視野一大，想法自然有所改變。

14. 改變屋內模樣

稍微改變屋內的傢俱擺設，如移動床、桌子，換窗簾、床單等。

同。

15. **改變化妝、髮型**

頭髮重新梳理，或改變髮式，加上化妝的改變，隨著自己型姿的煥然一新，心情自然不

7.摧毀心中不必要的憂慮

每個人在小的時候，都會產生杞人憂天式的擔心，例如暴風雨來的時候，擔心自己會被閃電打死；日子不好過的時候，擔心東西不夠吃；在看完恐怖的戰爭片之後，甚至害怕自己也會被活埋。另外，還怕死了之後會進地獄等等。長大成人後，這些擔心看起來的確是很可笑，但在小時候是確確實實發生過的。

其實，隨著年齡的增長，人們會漸漸地發現，在所擔心的事情中，有99％的事情根本就不會發生。比方說，小時候很怕閃電，可是現在卻知道，每個人被閃電擊中的概率大約只有三十五萬分之一。而像電影中描寫的被活埋的場境，即使在發明木乃伊以前的那些古老時代——在一千萬個人裏，可能也只有一個人被活埋。

當然，人們可能會說，這些都是小時候的事，現在再也不會犯這樣的傻事了。但事實卻恰好相反，許多成年人都在憂慮，甚至有些事情同上述事情一樣荒謬。其實，如果根據平均法則考慮一下自己的憂慮究竟值不值得，並真正做到好長時間內不再憂愁，人們的憂慮中有

90%是可以消除的。

保險公司就是利用人們的憂慮心理——對一些根本很難發生的事情的擔憂——而大發橫財的，保險公司的實質，就是在跟一般人打賭，說他們所擔心的災禍，幾乎隨時隨地都有可能發生。儘管他們從不認爲這是賭博，他們稱之爲「保險」，但實際上這是以平均法則爲根據的一種賭博。全世界最有名的保險公司——倫敦羅艾得保險公司，就是這場賭博中的勝利者，它已經有二百年的優良歷史了，除非人的本性會改變，否則它至少還可以繼續維持五千年。而它只是替你保車子的險、保船的險，利用估算概率的法則，向你保證那些災禍發生的情況，並不像一般人想像的那麼常見。

塞林傑太太是一位平靜、沈著的女人，她好像從來就沒有憂慮過。有人爲此感到很好奇，就向她請教克服憂慮的好辦法。她說：「其實我也是憂慮過的，我的生活差點被憂慮毀掉了。在我學會征服憂慮之前，我在自作自受的苦難中，生活了十一個年頭。那時候我脾氣很壞、很急躁，總是生活在非常緊張的情緒之中。每個禮拜，我要從在聖馬特奧的家乘公共汽車到三藩市去買東西。可是就算在買東西的時候，我也愁得要命——也許我又把電熨斗放在燙衣板上了；也許房子燒起來了；也許我的女傭人跑了，丟下了孩子們；也許孩子們騎著他們的自行車出去，被汽車撞了。我買東西的時候，常常會因發愁而弄得冷汗直冒，然後衝出店去，搭上公共汽車回家，看看是不是一切都很好。難怪我的第一次婚姻沒好結果。

「我的第二任丈夫是個律師——一個很平靜、事事都能夠加以分析的人，從來沒有爲任何事情憂慮過。每次我神情緊張或焦慮的時候，他就會對我說：『不要慌，讓我們好好地想一想……，你眞正擔心的到底是什麼呢？讓我們看一看事情發生的概率，看看這種事情是不是有可能會發生。』

「舉個例子來說，我還記得有一次，我們在新墨西哥州。我們從阿爾伯庫基開車到卡爾斯巴德洞窟去，途中經過一條土路，半路上碰到了一場很可怕的暴風雨。

「汽車一直下滑著，沒辦法控制，我想我們一定會滑到路邊的溝裏去，可是我的先生一直不停地對我說：『我現在開得很慢，不會出什麼事的。即使汽車滑進了溝裏，根據平均率，我們也不會受傷。』他的鎭定和信心使我平靜下來。

「幾年以前，小兒痲痺症橫掃加利福尼亞州。要是在以前，我一定會驚慌失措，可是我先生叫我保持鎭定，我們盡可能採取了所有的預防方法：不讓小孩子出入公共場所，暫時不去上學，不去看電影。在和衛生署聯絡過之後，我們發現，到目前爲止，即使是在加州所發生過的最嚴重的一次小兒痲痺症流行時，整個加利福尼亞州只有一千八百三十五個孩子染上了這種病。而平常，一般只有二百到三百。雖然這些數字聽起來還是很慘，可是到底讓我們感覺到：根據發生的概率看起來，某一個孩子感染的機會實在很小。」

吉姆．格蘭特是紐約富蘭克林市格蘭特批發公司的老闆，每次要從佛羅里達州買十車到十五車的橘子等水果。他說他的經驗也是如此。「以前我常常想到很多無聊的問題，比方說，萬一火車失事，怎麼辦？萬一我的水果滾得滿地都是，怎麼辦？萬一我的車子正好經過一座橋，而橋突然垮了，怎麼辦？當然，這些水果都是經過保險的，可是我還是怕萬一沒有按時把水果送到就可能失掉市場。我甚至擔心自己因憂慮過度而得上胃潰瘍，因此去找醫生檢查。醫生告訴我說，我沒有別的毛病，只是太過於緊張了。」

「這時候我才明白，我開始問自己一些問題。我對自己說，『注意，吉姆．格蘭特，這麼多年來，你送過多少車的水果？』答案是：『大概有二萬五千多車。』然後我問自己，『這麼多車次中，有過幾次車禍？』答案是：『噢——大概有五次吧。』然後我對自己說，『一共二萬五千輛汽車，只有五次出事，你知道這意味著什麼？出車禍的概率是五千分之一。換句話說，根據平均概率來看，以你過去的經驗爲基礎，你的汽車出事的可能率是五千：一，那你還有什麼好擔心的呢？』

「然後我對自己說：『嗯，說不定橋會塌下來呢。』然後我問自己，『在過去，你究竟有多少次是因爲橋塌而損失了呢？』答案是：『一次也沒有。』然後我對我自己說，『那你爲了一座根本從來也沒有塌過的橋，爲了五千分之一的汽車失事的概率，居然讓你愁得患上胃潰瘍，不是太傻了嗎？』」

「當我這樣來看這件事的時候，我覺得以前自己實在很傻。於是我就在那一刹那決定，以後讓發生概率來替我擔憂——從那以後，我就沒有再爲我的『胃潰瘍』煩惱過。」

「根據平均概率，這種事情不會發生。」這句話會摧毀我們90％的憂慮，使我們在未來的生活，過得令人意想不到的好而平靜。

美國海軍也常用概率統計的數字來鼓勵士兵的士氣。一個以前當海軍的心理醫生講起他的一次經歷時，說，當他和他船上的夥伴被派到一艘油船上的時候，他們都嚇壞了。這艘油輪運的都是高辛烷汽油，因此他們都相信，要是這條油輪被魚雷擊中，就會爆炸，並把每個人送上西天。

可是美國海軍有他們的辦法。海軍總部發佈了一些十分精確的統計數字，指出被魚雷擊中的一百艘油輪裏，有六十艘並沒有沉到海裏去，而眞正沉下去的四十艘裏，只有五艘是在不到五分鐘的時間沉沒。那就是說，有足夠的時間讓你跳下船——也就是說，死在船上的概率非常之小。這對士兵有沒有幫助呢？「知道了這些概率數字之後，就使我的憂慮一掃而光。」住在明尼蘇達州聖保羅市的克萊德·馬斯——也就是講這個故事的人，說：「船上的人都覺得好多了，我們知道我們有的是機會，根據概率數字來看，我們可能不會死在這裏。」

以上只是一些用概率計算憂愁的例子。但是，人們要想使自己的生活更加美好，也還得計算一些自己成功的概率。

例如，老闆準備從中層幹部中提拔一個人當副經理，現在假設自己是一名中層幹部的話，就可以計算一下自己被提升的可能性有多大，如果占30％或者更多點的話，就要好好尋找一下自己的不足，然後再好好地改正一下，爭取使自己被提升的概率達到50％，這樣，老闆在考慮提拔人選時，自然就把自己考慮在內了。

富蘭克林強調：人們無論處在順境還是逆境裏，別忘了讓概率來幫助自己樹立起生活的信心。

8. 接受命運中不可避免的事實

命運中總是充滿了不可捉摸的變數，如果它給人們帶來了快樂，當然是很好的，人們也很容易接受。但事情卻往往並非如此，有時，它帶給人們的會是可怕的災難，這時如果人們不能學會接受它，如果讓災難主宰了自己的心靈，那生活就會永遠地失去陽光。

讀讀下面的小故事，感悟其中的道理。

小時候，羅格和幾個朋友在密蘇里州的老木屋頂上玩，羅格爬下屋頂時，在窗沿上歇了一會，然後跳下來，他的左食指戴著一枚戒指，往下跳時，戒指鉤在釘子上，扯斷了他的手指。

羅格尖聲大叫、驚懼非常，他想他可能會死掉。但等到手指的傷好，羅格就再也沒有為它操過一點心。有什麼用？他已經接受了不可改變的事實。

現在羅格幾乎忘了他的左手只有大拇指與三根手指。

有一年，卡耐基在紐約市中心的一座辦公大樓電梯裏，遇到一位男士，卡耐基注意到他的左手由腕骨處切除了。卡耐基問他，這是否會令他煩惱，他說：「噢！我已很少想起它了。我還未婚，所以只有在穿針引線時覺得不便。」

人在不得已時，幾乎可以接受任何狀況，調整自己，適度遺忘，而且速度驚人。

荷蘭阿姆斯特丹有一座十五世紀的教堂遺跡，有這樣一句讓人過目不忘的題詞：「事必如此，別無選擇。」

在人們有生之年，勢必遇到許多不快的事情，是無法躲避的。人們只能接受不可避免的事實，抗拒不但可能毀了自己的生活，而且也許會使自己精神崩潰。

富蘭克林曾說：「心甘情願地接受吧！接受事實是克服任何不幸的第一步。」

奧勒岡州的康萊女士，曾因不能接受現實而差一點失去生活下去的信心，以下是她的最初感受：「在美國慶祝我軍在北非大獲全勝的那一天，我收到作戰部的電報，我的侄子——我最摯愛的人——在一次作戰行動中失蹤了。過了不久，另一封電報通知我他已身亡。」

哀傷擊倒了康萊女士。在那以前，她總覺得人生待她不薄，她有一份喜愛的工作，而她幫忙撫養的侄兒已經成爲一位年輕有爲的青年。她曾以爲自己的耕耘得到了甜美的回報，不想卻收到這樣的電報。她的世界解體了。康萊女士不覺得還有活下去的理由。她忽略了工作、朋友。她抓不住任何東西，只留下愁苦及怨恨。爲什麼她鍾愛的侄子會死？這麼好的孩子——燦爛的前景在他前面——爲什麼要被打死？她實在無法接受，她哀傷過度，決定放棄工作，找個地方獨飲她的眼淚與傷痛。

就在康萊女士把桌子收拾乾淨，準備辭職時，她無意中看到一封信，正是她侄子寫來的，是在幾年前康萊女士母親去世時，他寄給她的。他在信上說：「當然，我們都會懷念她，特別是你。但我知道你會撐過去的。你有自己的人生哲學。我永遠不會忘記你教導我的一個動人的眞理，無論我在任何地方，我總記得你告誡我要像個男子漢，微笑迎向任何該來的命運。」

看完這封信後，康萊女士又回到桌前，收起愁苦，告訴自己：已經發生了，我不能改變它，但是我可以做到他所期望的。康萊後來說道：「我把自己完全投入工作。我開始給戰士們寫信，他們是別家的男孩。晚上參加成人教育班，試圖找到新的嗜好，並結交新朋友。我幾乎不敢相信我的改變，我的哀傷已完全離我而去。我現在開開心心地開始新的一天，正如我侄兒所希望看到的。我的生活很平靜。我接受了命運的安排，我比以前享有更豐富完整的人生。」

康萊女士體會到的，正是每個人遲早要學會的道理，那就是人們只有接受並配合不可改變的事實。「事必如此，別無選擇」，這並非容易的課程。即使貴爲一國之君，也不能不時常提醒自己。英王喬治五世在白金漢宮的圖書室，就掛著這句話：「請教導我不要憑空妄想，或作無謂的怨歎。」哲學家叔本華曾表達過相同的想法：「逆來順受是人生的必修課程。」

顯然，環境不能決定人們是否快樂，人們對事情的反應，反而決定了自己的心情。耶穌曾說：「天堂在你心內，當然，地獄也在。」

人們都能渡過災難與悲劇，並且戰勝它。也許人們自己察覺不到，但是內心都有更強的力量幫助自己渡過。人們都比自己想的更堅強。

已故的美國小說家塔金頓常說：「我可以忍受一切變故，除了失明，我絕不能忍受明天。」

可是在他六十歲的某一天，當他看著地毯時，卻發現地毯的顏色漸漸模糊，他看不出圖案。他去看醫生，醫生告訴他一個殘酷的事實，他即將失明。有一隻眼差不多全瞎了，另一隻也將接近失明，他最恐懼的事終於發生了。

塔金頓對這最大的災難反應如何呢？他是否覺得：「完了，我的人生完了！」完全不是，令他驚訝的是，他還蠻愉快的，他甚至發揮了他的幽默感。眼中浮游的斑點阻擋他的視線。當大斑點晃過他的視野時，他會說：「嗨！又是這個大傢伙，不知道他今早要到哪兒去！」

命運怎麼能這樣捉弄他呢？不，答案是不能。完全失明後，塔金頓說：「我現在已接受了這個事實，也可以面對任何狀況。」

爲了恢復視力，塔金頓在一年內得接受十二次以上的手術。只是採取局部麻醉！他會抗拒它嗎？他瞭解這是必須的，無可逃避的，惟一能做的就是接受。他放棄了私人病房，而和大家一起住在大眾病房，想辦法讓大家高興一點。當他必須再次接受手術時，他提醒自己是何等幸運，「多奇妙啊，科學已進步到連人眼如此精細的器官都能動手術了。」

平凡人如果必須接受十二次以上的眼部手術，並忍受失明之苦，可能早就崩潰了。塔金頓卻說：「我願用快樂的經驗來替換這次的體會。」他因此學會了接受。此次經驗教導他：「失明並不悲慘，無力容忍失明才是眞正悲慘的」。

新英格蘭的婦女運動名人格麗．富勒，曾將一句話奉爲眞理，這句話是：「我接受整個宇宙。」是的，人們也最好能接受不可避免的事實。如果人們不接受命運的安排，也不能改變事實分毫，人們惟一能改變的，只有自己。

成功學大師卡耐基也說：「有一次我拒不接受我遇到的一件不可改變的情況。我像個蠢蛋，不斷作無謂的反抗，結果帶來無眠的夜晚，我把自己整得很慘。終於，經過一年的自我折磨，我不得不接受我無法改變的事實。」

面對不可避免的事實，人們就應該學著做到詩人惠特曼所說的那樣：「讓我們學著像樹木一樣順其自然，面對黑夜、風暴、饑餓、意外與挫折。」

一個有十二年養牛經驗的牧羊人說過，他從來沒見過一頭澤西母牛因爲草原乾旱、下冰雹、寒冷、暴風雨及饑餓，而會有什麼精神崩潰、胃潰瘍的問題，也從不會發瘋。

舉這個例子的意思，並不是說人們應該像母牛那樣束手接受所有的不幸。不，絕不是的，那只是宿命論。只要有任何可以挽救的機會，就應該奮鬥！但是，當發現情勢已不能挽回了，就最好不要再思前想後，拒絕面對。

哥倫比亞大學的維克斯教務長，有一個值得所有人記住的座右銘：「面對任何病痛，先看有無藥方；有，就去尋找！沒有，那就算了。」

面對生活，每個人都要接受不可避免的事實。惟有如此，才能在人生的道路上掌握好平衡，踏踏實實地闊步向前。

9.平心靜氣地說一句「沒關係」

富蘭克林認爲，在生活中，最能平和不良心態的三個字是：沒關係。

在這個世界上，每個人都以自己這個獨立的個體存在。人們只能以自己的方式歌唱，以自己的方式繪畫。每個人是由自己的經驗、自己的環境、自己的遺傳基因，尤其是對自己的期望所塑造的。不論好與壞，人們只能耕耘自己的小園地，只能在生命的樂章中奏出自己的音符。

當一個人瞭解了自己，知道了自己的長處，就會揚長避短，不會用自己的短處去和人家的長處相撞擊，也不會爲本來就不可能成功的事情發愁、怨恨自己。成功屬於自己，失敗也屬於自己。擺脫失敗，關鍵是擺脫失敗帶來的沮喪、消極的情緒。捶打自己的腦殼，無休止地長吁短歎，於事無補。

生活並不像人們想像的那樣美滿、如意，生活只是生活本身，而人們總是願意用希望去看待生活：我希望……如何如何。可當一旦發現，生活並不是按照所希望的樣子出現在自己面前的時候，那就請從煩惱中跳出來，說一句：「沒關係」。

人活在世上，不是孤孤單單的一個人，而是周圍有著各式各樣的人。在和生活中的人打交道時，不可特別認眞。假如過於認眞的話，你就會發現，在生活中，做人難，做一個好人更難。豁達是一個人的美德，豁達的胸懷能包容一切。

在擁擠的公共汽車上，有人踩了自己一腳，要想向對方說一句「沒關係」實在不容易。車擠，開得慢，對於著急上班的人來說，本來就有說不出的窩火，再加上腳上火辣辣的疼，能不火大氣粗嗎？可是爭吵又有什麼用？它只能把自己不痛快的、煩躁的情緒，通過爭吵發洩出來，傳染給別的人，於汽車的行進、擁擠的緩和沒有一點幫助。相反的，在這種自己無法改變的現狀中，應該把握好自己的情緒，並想到大家彼此的情緒都處在煩躁、不安、易於激動的狀況之中。說不定不小心踩自己腳的人，也是一肚子的火、滿腦門子的氣，正無處發洩呢！這時候，最好的辦法就是平心靜氣地說一句「沒關係」，然後耐心地等待。

當然，在有些場合，說出這三個字並不是一件輕而易舉的事情。

當自己對心愛的人獻出了全部的愛情之後，她（他）卻無情地離開了，這對自己來說，無論如何也不能用「沒關係」輕鬆地癒合那流淚滴血的心。往日那情意綿綿、兩情依依的情景，無法一下子從腦際消失，相反的，在這種時候，那些平時的芥蒂反而不見了，留下的都是讓人無法忘卻的情和意。自己深深地陷在失卻了愛人、卻無法失卻對愛人的愛這苦惱的深淵裏。懷戀的盡頭成了怨恨，怨恨又產生了報復，而報復難免兩敗俱傷。假如能豁達地對待這些，對自己說一句「沒關係」，從苦惱中解脫出來，那麼「失之東隅，收之桑榆」也不是不可能的。

對生活中的一些事，不能不認眞對待、據理力爭，如是與非、眞理與謬誤等等。對某一些人，也不能不聞不問，任其肆無忌憚。但是，當他們最終意識到了自己的謬誤時，自己仍可以大度地說一聲「沒關係」，因爲自己恪守的是對事不對人的原則，其著眼點並不在於人如何，而是事情的結果如何。

富蘭克林強調說：「生活中發生的一切，都是生活的一部分，失去的還會再來，本屬於你的東西，絕不會與你交臂而過。學會說『沒關係』，你會覺得生活中增加的不是苦惱，而是歡樂。」

10.沒有必要記住的，就Forget it！

富蘭克林說：「世界上最難的事，不是讓人們接受新思想，而是使他們忘卻舊觀念！」「學習」比較難，還是「忘卻」比較難？大部分人在一開始都會回答：學習比較難。其實，在現實生活中，「忘卻」比「學習」難。

不知人們有沒有這樣的經驗，當自己去勸說某人的時候，某人總是抱著一個舊觀念不放，怎麼也聽不進給他講的新觀念。那麼請試試以下這個法則：Forget it！

「Forget it！」的意思是：「忘記它！」如果把這個單詞拆分一下，就變成了「For get it！」——忘記它是爲了得到它！

迪伊·霍克是Visa信用卡網路公司的創辦人。早在一九九七年七月份的美國《優秀企業》雜誌上，迪伊·霍克和幾個精英人物共同提出：目前企業所面臨的問題不是學習，而是忘卻！

就好比一個電腦，如果人們對它內在的程式、內在的文件資料統統都不滿意，而電腦的空間已經滿了，應該怎麼做呢？是不是要先刪除舊的程式、舊的文件，然後才能夠再裝入新的程式、新的文件，是不是這樣？所以，問題永遠不在如何使頭腦裏產生嶄新的、創造性的思想，而在於如何從頭腦裏淘汰舊觀念！舊的觀念不除去，新的觀念很難植根發芽。

別忘了：For get it！——忘記它才能得到它！

著名的管理學大師彼得．杜拉克曾說道：「創新起始於捨棄，它不在於實施新措施，而在於捨棄的是什麼。」

所以請就在此刻寫下自己最需要捨棄的三件事項，也許是自己過去的某個最想改善的習慣，又或者是……

請對上面寫下的三條畫上一個大大的「×」！並且大喝一聲：Forget it！

第五條 純潔

PART 05

淨化思想和靈魂，拋棄一切玷污美德和心靈的東西，不毀損自己和他人的名譽

爲了保持我的名譽，我不但勤奮節儉，而且避免一切與之相反的表現。我穿著樸實；我從不慵懶散漫；我從不釣魚，打獵。我努力讓思想保持純潔。書，有時確實會誘我放下工作，但這種情況不多。

每個人都有一座自己的心靈花園，你只有悉心護理自己的心靈花園，拋棄種種錯誤、繁瑣無用的思想，努力培養正確、有用與純潔的意念，你的心靈之花才會美麗綻放。

1.純潔的思想能夠砌成一座美麗的人生大廈

如果說行爲是思想綻放的花朵，那麼快樂與痛苦就可以被看做是思想結下的果實。因此，收穫快樂還是痛苦，全部取決於自己的思想。思想造就出個性，一念之間往往決定一生的命運。如果人心包藏歪念，痛苦就會接踵而至，猶如車輪一樣輾過；如果心誠意慧，純潔無瑕，快樂便如影相隨，永遠陪伴左右。高尚人格的形成，不是憑藉個人的愛好和機遇，而是純正思想的自然結果，是長期心存正念的報償。同樣的道理，卑鄙蠻橫的人格可以說是心懷不軌長期積累的後果。

綜觀自然界與人們創造的社會，每件事都是日積月累形成的。石頭由小沙粒組成；動植物與人由細胞組成；房屋由磚塊組成；書籍由紙張組成……。整個世界由許多形態各異的物體組成：城市是由許多房屋所組成；藝術、科學與政府機構是每個人努力形成的；一國的歷史由其人民的行爲累積而成。

建立的過程也是一個優勝劣汰的過程。服務於舊形式的內容形式不斷被打破，而構築舊內容的基本物質也需要不斷整合。在這個過程中，舊的細胞在不停地裂變，新的細胞也在不停地形成，周而復始地交替更新，老舊細胞不斷地被新細胞取代；整個世界也在不斷地向前發展。

人們所創造的東西，也需要不斷更新，隨著時世變遷，變得陳舊無用，因此必須摧毀重建，以適應發展的需要。自然界中淘汰與構築的過程，為「生與死」，人世間則稱「破壞與重建」。

上述現象，不僅發生於有形的物質世界，也發生於看不見的無形的世界中。如同身體由細胞組成、房屋由磚塊組成、人的頭腦由思想組成，不同個性的人，實際上由各種各樣的思想所組成。正如名言所提示的眞諦：「一個人心中是怎樣想的，決定了他是怎樣的人。」每個人的品質是思想的固定過程，也就是說思想牢不可破，成爲個性的中心，只有意志堅定、長期的自律才能加以改變。

個性形成的過程與房屋的建築過程極其相似，即必須不斷增加新的材料，而前者增加的新材料是思想。城市由不計其數的磚頭堆砌而成，人的品格由不計其數的思想所形成。「羅馬不是一天建成的」；柏拉圖、莎士比亞也不是短時間造就成的。

不論是否能意識到這一點，人人皆是頭腦的構築者。每個人一定有思想，每一次思想都是構築頭腦的一塊磚。許多人漫不經心地進行「砌磚」工作，結果當然不牢固，從而形成毫不堅定的品格。這種品格無法抵禦外界的誘惑，隨時都有可能崩潰。

有些人在自己的頭腦中摻進許多不純潔的思想，就像用不合格的爛磚構築房屋，遇上風雨，隨時都有可能倒塌。這樣，他的內在品格無法建立起來，不能提供安慰，容易遭受痛苦的折磨，也無法成爲心靈的庇護所。

對健康漠然置之的思想、追求個人享受的思想、自甘墮落的思想、害怕失敗的思想、自憐自滿的思想，這些都是不合格的磚塊，用它們砌不起眞正的心靈殿堂。

而明智選擇的純潔思想，如同永遠不會毀壞的磚塊，能夠砌成一座美麗的智慧大廈，讓人們得到安慰與庇護，得以迅速地整裝待發。

所以，我們在構築智慧大廈的過程中，必須徹底破除陳腐無用的思想習慣。

每個人都是自身的塑造者。如果他的思想不純潔、內心充滿失望，那就應該堅持不懈地培養自己的優良品格。如果他只是怨天尤人、推卸責任，他的境況是不會有任何改變的，也無法給自己一個更好的歸宿。

正確的做法應該是如同季節的更替一樣，把那些自私陳舊的思想從腦海裏清除，取而代之的是新鮮潔淨的思想，從而建立起雄偉的人生大廈。

當他眞正覺醒之後，逐步增強自己的責任感，並且合理估價自己的能力，那麼他就能像個眞正的工匠，開始建造自己的人生大廈；與此同時，他還能夠培養自己的高尙品德，待人接物日趨成熟，這樣做不但爲自己提供眞正的庇護，死後也能讓許多人受益無窮。

2. 健康、幸福和財富，源於人的純潔的思想

富蘭克林曾說過：健康、幸福和財富等等一切美好的東西，首先都是源自於一個人純潔的思想和空淨的心靈。

如果要有一個健康的身體，就得潔淨自己的心靈；如果想讓身體健康起來，那麼就應該美化和純淨自己的思想。心中的怨恨、嫉妒、失望、沮喪，會使身體的健康遭到損害，會使快樂消失。愁苦的面容並不是偶然出現的，而是思想焦躁憂慮導致的。滿臉的皺紋都是因怨恨、暴怒與自大而生出的。

人的思想控制著肉體，無論是精心的思考，還是無意識的流露，身體都會一一回應。爲滿足橫流的欲望，健康的身體很快就會被疾病困擾；純潔美好的思想，則會使人們的身體充滿生命力。

疾病、健康和人的處境一樣，被思想影響著，所以，衰弱的思想，一般是出自病弱的身體。眾所周知，邪惡的思想和子彈一樣，足以毀滅一個人，這樣的思想持續不斷地戕害著不

計其數的人。

一個整天害怕得病、胡思亂想的人，很快就會患上疾病，焦慮能迅速地擾亂整個身體系統，疾病剛好乘虛而入。當心中雜念紛繁，即使並沒有在行動上傷害身體，神經系統仍然會受到損傷，精神將會萎靡衰弱。

然而，一旦排除了心中的雜念，清潔了思想，健康便會不請自來。堅強、純潔與快樂的思想，將會把活力與優雅注入身體。人們的身體是一架結構精巧、反應靈敏的儀器，對心裏產生的欲望能夠迅速做出反應，而這欲望將會影響身體。好的思想產生好的影響，壞的思想自然會傷害身體。

只要心裏存在雜念，人們血管裏就會流淌污穢的、有毒的血液。健康的生活和強健的身體，來自於純淨的心靈；齷齪的生活與身體，則源於不潔的思想。所以，思想是人們言行、外表乃至整個人生的源頭。源頭純淨，它所產生的一切也會是純淨的。

思想的純潔可以使人養成潔淨的習慣，被稱爲聖人卻不能養成淨身的習慣，算不得聖人；能夠經常淨化自己思想的人，根本不會受疾病的侵害。

假如一個人克服了所有決定自己轉向衰弱頹廢的因素，內心就會產生一種堅不可摧的力量。凡是心靈純潔、道德高尚的人，都有可能征服世界。其實那些富人們一旦不如意起來，比那些窮人更容易失去幸福。人們由此推斷，幸福的標準不取決於外在的條件，而是內心眞的豐富與否，亦即是不是一個思想純潔的人。

富蘭克林說過：「金錢和權勢算不得眞正的財富，如果對它們形成依賴，無異是站在滑溜溜的石頭上。」是的，眞正的財富乃是無私的美德和純潔的思想，人必須掌握一種能力，使自己的美德發揚壯大。這就需要清潔自己的心境，這樣，人生也會隨之改變。

自私、虛榮、狡詐、貪婪、仇恨、憤怒、驕傲、任性、頑固——這些都是導致思想不純潔的禍根；反之，慷慨、熱情、友善、純潔、無私、忍讓、溫和、捨棄——這些都是有利於增長財富、淨化心靈的智慧水。

人們都應該記得，小時候是那麼愛聽那些童話故事，急切地關注故事的發展，也知道故事的主人公總能得到保護，躲過巫婆、妖怪和母夜叉的無數次的陷害。人們童年的心靈從不對故事主人公的完美結局，產生過任何懷疑，人們相信他們最終將戰勝邪惡，這是因爲人們知道：正義將會永存。

美麗的仙女憑藉她的魔力，解救心地善良、思想純潔的人們於水深火熱中，仙女們能夠滿足所有善良人的願望，給他們幸福。

時光飛逝，當一個人漸漸長大，生活中的現實一天天爲自己所熟悉，童話中的世界消失了，童話中的人物也被自己忘記了，最後保留的一點童眞是：只要把兒時的夢想拋開，便能獲得力量，成爲一個成熟、穩健的人。但是，如果人們能夠在這紛繁複雜的世界裏，重新變回一個心地純潔的兒童，那麼就等於又回到了夢想中令人興奮的孩童時代。

仙人是看不見的，他們擁有征服一切的魔力，善良的人們會得到他們的賜予，包括健康、財富和幸福。那些在不斷努力的人，瞭解到純潔思想所釋放的力量，認識到一個人內心所具備的強大能量。仙人只會出現在這類人的心中，幫助他們實現美好的願望。這些人把仙人當作思想使者般地服從，仙人指導他們如何淨化自己的心靈，這樣，他們就能在現實生活中，收穫別人夢想中無法企及的健康、幸福與財富。

3.追求財富勿忘真、善、美

史蒂芬·柯維指出：人生的成功與快樂，不僅僅是因為有了金錢。在擁有金錢的同時，還要擁有寧靜的心境和應有的美德，惟有如此，我們的生命才算眞正完美。

尋找人生幸福，是一個力求在物質和心智方面都超越現狀，達到理想自我的追求過程。但在此過程中，不同個體又不可避免地以其獨特的個性表現出來，從而影響到尋找活動的效率。

把人生目標當做個人創富，其實也不矛盾。因爲創富也是一個自我實現的過程，是人生目標和經濟哲學的結合。它既研究一個人如何脫離貧困，如何使經濟充裕的方法，更著重於幫助個體建立完善的人格，尋求享受眞實人生的途徑。

在這新舊更替、社會生活的各方面都在發生深刻變化的時代裏，沒有充裕的物質條件，個體的心理同樣會受到傷害，所以同時也應具備努力賺錢的意識；然而，一個眞正健全的人追求的，應該是金錢的成功，而非恐懼、緊張、疾病與哀愁。這即是說，在擁有金錢的同時，還要擁有寧靜的心境和應有的美德。惟有如此，我們的生命才算完美無瑕，也只有這樣才能不斷地創富。

富蘭克林指出：在取得你想從生活中得到的東西時，無論你取得什麼成就，主要取決於那些對你有信心並信任你的人。這些，你不應該忘記。

要意識到這一點，你所需要做的一切，就要想一想你是怎樣找到最好的工作的，或者回憶你是怎樣第一次遇到你最眞摯和最有趣的朋友的。想一想你最滿意的生活經歷，你參加的俱樂部或協會，你做成的交易，或者與其他人的任何使你獲得成功的關係。那麼你就會發現，幾乎在每一種情況下，你都是受到某個對你有信心，或相信你的人的提攜和幫助的。

任何人都知道，當你有一些願意爲你兩肋插刀、患難與共的好朋友時，你在所有的人生奮鬥中就會趨於成功。

你也許在業務上很內行，但是假如在你的單位裏沒有人提攜你，你就不會有多大的發展。如果你在單位以外也沒有人提攜你，你就不會找到許多吸引人的工作機會。

假如你是個家庭主婦，在你生活的社區環境裏沒有人幫助你，你就會發現你漏過了許多有趣的俱樂部和社交活動。

就像威爾福霍德·方克在瑪莎迪思一個廣播採訪中說的：「假如人們不喜歡你，他們會完全拋棄你。假如他們喜歡你，他們會處處爲你設想。」他還引用了著名的通用汽車公司的科學家查理斯·E·科特林的話：「成功的90％是協調人際、和諧共濟帶來的，只有10％才是技術的突破改進帶來的。」然後，方克先生接著說：「每一個人在學校就應學習的最重要的一門課，是如何與人處好關係。」

另外，許下承諾並信守承諾，你將贏得對他人的影響力。但切莫做出無法達成的承諾。只有那些有自知之明的人，可以選擇信守承諾。言出必行的能力，可衡量出自己的信心和誠意。

把影響力放在我們所能控制的事物上，將可以擴大我們的影響圈。改變行爲和思考的習慣，能解決可直接控制的問題。間接控制的問題，則需要改變使用影響力的方式。例如，我們常抱怨：「如果老闆能瞭解我的計畫和問題……」但，只有少數人會花時間，準備讓老闆願意聆聽、尊重、觸及老闆心思的業務報告。詹姆斯說過：「改變態度，就能改變環境。」

人的內心是很脆弱的，尤其是那些外表看似堅強與自信的人，我們若能傾心聆聽，他們也會言無不盡。若能表現關懷，特別是無條件的愛心，會給他人一種內在的價值和安全感，並更能加強對別人的影響力。許多人借助外表、地位象徵、成就和人際關係，獲得安全感與力量，但借來的力量終究不足。

SMZ公司的總經理瑪麗女士，是一位非常有個性的能人，她工作熱情高，能力強，年輕漂亮，充滿一種健康向上的力量，是一位非常成功的企業家。縱觀她的優點，最大的長處是她總是那麼謙虛、關心人、體貼待人，尤其是對下屬更是如此，從不刻意地去表現自我。

有一位採訪過她的記者曾這樣生動地寫道：「不論你來自何方，只要有機會與她相處，她總是把你當作是她屋裏惟一的重要客人。當你與她說話時，她的眼神、語言總會讓你忘了面對的是一名赫赫有名的總經理，而是與你親密相伴的朋友。她會認眞地傾聽你的意見，讓你大膽地發表自己的意見和觀點。如果有別人在場，她並不會因爲你僅是一名年輕的業務員或打字的秘書而怠慢你，仍然把你當作她的朋友一樣熱情對待。」

這種與人爲善的優點，將彌補她身上具有的一些缺點，也是她成功的訣竅所在。人們總這樣認爲，公司的老闆如果謙虛了，反而不好。其實這種想法是不客觀的。事實上，不少成功的經理，待人接物總是那樣謙虛和隨和，並非常人所想的那樣。IMC公司的總經理在召開董事會時，總是想方設法把公司的成功歸於副總經理，從不獨享，雖然這些取得業績的決定，絕大多數都是他做出的。這正是他的高明之處。

這種優點和管理的妙方，對於任何人來說，都是可以學到的，並不那麼深奧。它對於任何級別的經理和任何層次的創業者來說，都是應該充分掌握的一種有效的管理手段。

4.潔手清心，不斷對自己的心靈進行洗濯

傳說耶穌被判死刑的時候，審判官比拉多本來就不同意，但迫於形勢，又無可奈何。於是他在法庭上叫人打來一盆清水，當眾洗手，聲明他對耶穌的定罪不負責任。比拉多試圖以此寓意他的手上並沒有沾染耶穌的血，說明他的心是清白的。可是，在猶太人的傳說裏，比拉多一直站在地獄門口，把手放在水盆裏，永遠洗不乾淨，因為盆裏面盛的是血水。看來，在這場非正義的血腥事件面前，比拉多無論怎樣洗手，也抹不掉他心上的陰霾。那樣，「洗手不如洗心」。比拉多心裏不潔淨，洗手也無用。可見，清心才能潔手，手潔說明心清。

富蘭克林告誡青年：要潔手清心，就要修身立德，不為歪風所襲。首先，要做到為人最起碼的一點，不是己物莫要求。身處淨土，一般可以六根清淨，而在燈紅酒綠、金錢美女、高官厚祿的誘惑面前，能夠守好心域之門，則是一樁不容易之事。要守好心域之門必須正心、正德、正氣，必須有意志、義氣、毅力。出污泥而不染，靠的是蓮花潔淨的本性；富貴不能淫，靠的是人們高潔的素質。

要潔手清心，就要理智冷靜，不為私欲所動。人生在世，都有七情六欲，但如果私欲橫流，內心深處濁氣彌漫，結果是不堪設想的。中國古代哲人荀子在他的《禮論》中說：「人生而有欲，欲而不得，則不能無求，求而無度量分界，則不能不爭，爭則亂，亂則寡。」他的意思是說，追求個人欲望要有度，如貪得無厭，不但會妨礙他人，形成爭亂，個人追求也會破滅於爭亂之中。一個人如果為物所惑、為利所迷、為名所驅，便會陷入私欲的泥沼而不能自拔。

有一個故事，說的是某官廉潔而仁德好客，拜會他的人絡繹不絕。有人問他有多少朋友，他稍思片刻才答道，等我不當官了才數得清。這就是一種冷靜，不為烈火烹油的現狀炙烤得忘乎所以。然而上述的冷峻與冷靜，同樣出自於清心。清心則剛正，剛正則手潔；否則，心不清則意亂，意亂則神迷，意亂神迷則會心邪手黑，乃至走入歧途，墜入深淵，斷送自己的錦繡前程。

一個人生活在天地間，應該是一個心地善良的人，是一個潔手清心的人，是一個不坑害他人、不損人利己的人，是一個捨己為群、樂於奉獻的人，是一個天下為公的人。

要潔手清心，就要潔身自好。為人要重潔，這是先人之告誡。常言道：「頭腦不潔致人以盲，衣飾不潔致人以狂，身體不潔致人癰瘡，故人對不潔應加提防。」如何提防？一是警惕不潔之物的侵襲，二是經常自查不潔之疾，三是要不斷地對自己的心靈進行洗濯。此三點，乃是潔手清心之要義。

那些內心不純潔的人認爲人生幾何、及時行樂，而視潔手清心爲迂腐。殊不知，人的價值不同於他物價值的根本因由在於：人不僅僅是這個世界的索取者、價值的承擔者，而且是價值的創造者、奉獻者，因而，人生價值的差別，主要體現在其爲社會創造價值的多少。愛因斯坦說過：「一個人的價值，應該看他貢獻什麼，而不應該看他取得什麼。」

富蘭克林強調：只要把人生的價值定位於人與社會的結合這個準星上，才能找到自我存在的座標，才能在奉獻中實現自我的人生價值。

5.淨化心靈，給自己的心靈洗個澡

一個人要怎樣才能擁有靈魂的家園？要用什麼方式，才能克服他內心牢不可破、根深蒂固的不純潔的思想？要經過什麼樣的過程，才能找到能爲他驅散黑暗的光明？

大多數人的痛苦，都是因爲自己看不開、放不下，一味地固執而造成的。痛苦就猶如人心靈中的垃圾，它是一種無形的煩惱，由怨、恨、惱、煩等組成。

清潔工每天把街道上的垃圾帶走，街道便變得寬敞、乾淨。假如一個人也每天清洗一下內心的垃圾，他的心靈便會變得愉悅快樂了。

以前有個人在洗澡盆邊寫了九個字——「苟日新，日日新，又日新」。這個人在洗澡的時候，外洗身，內洗心，所以他在洗完澡後「身心舒暢」。就是說，他洗澡時外去身上污垢，內去內心的渣滓，所以他洗完澡身心都很舒暢。

現在一般人洗澡，只洗身，不洗心；在洗澡的時候，還怨這個恨那個，這樣的洗澡，不洗也罷。眞正的洗澡，應該是外洗身、內洗心，把身體裏裏外外都洗得乾乾淨淨。

一個人要學會淨化心靈，首先必須相信淨化是令人嚮往的，正義是至高無上的，誠實具有永恆的力量；他必須一直秉持著神聖的美德，努力不懈並且絕不退縮地去完成它。這份信念就像一盞油燈，必須保持燃燒，並仔細修剪燈芯。因爲只有火焰才能讓黑暗得到光明。當火焰越來越強烈，燃起的光線就越來越穩定，信心和精力也會同時增加，他的進展隨著前進的腳步而加快。最後，知識之光開始取代信心之燈，黑暗也開始在燦爛光輝中消失。神聖的生活原則將會映入他的心靈，當他一接近，登峰造極的美感就會令他大開眼界，讓他的心靈感受到前所未有的喜悅。

所以，一個人一旦掌握了自己內心的某些力量，他便會對在那些力量領域中運作的一切法則有所認知，再看盡自己內心的因果循環，心中有了領悟後，他明白這些力量足以改善全人類。

而且，他看出人世間的所有法則，都是人心需求的直接結果，如果將那些需求加以改造和變化後，再以改善後的法則爲依歸，可以控制和克服身體內自私的力量。

這是一種心靈簡化的過程，這是一個清洗心靈的過程，它將一切多餘的除去，只留下性格中最純眞的眞金。經過這樣的簡化，表面看來深不可測、錯綜複雜的世界，也呈現出越來越簡單的面貌，直到全部改變成幾項永恆的原則，然後最終合而爲一，成爲一個純潔、高

第五條 純潔

淨化思想和靈魂，拋棄一切玷污美德和心靈的東西，不毀損自己和他人的名譽

尚、無私的人。

6. 讓自己富有同情心

富蘭克林指出：同情心也是一種愛心。用愛心去撫慰他人的心靈，會使自己的心靈得到昇華，會使人生目標的追求變得容易。

找到人生幸福的成功者，絕少不具有同情心。

同情在中和酸性的狂暴感情上，有很大的化學價值。明天你所遇見的人中，有四分之三都渴望得到同情，給他們同情吧，他們將會愛你。你想不想擁有一個神奇的功能，可以阻止爭執、除去不良的感覺、創造良好意志，並能使他人注意傾聽你的想法？

想？好極了，下面就是。以這樣開始：「我一點也不怪你有這種感覺。如果我是你，毫無疑問的，我的想法也會跟你的一樣。」

像這樣的一段話，會使脾氣最壞的老頑固軟化下來，而且你說這話的時候，必須有百分之百的誠意。以英國典型的大惡人卡朋爲例。假設你擁有他那樣的軀體、情感和思想，假設你擁有他的那些環境和經歷，你就會和他完全一樣，也會得到他那種下場（被絞死）。因爲，就是這些事情，也只有這些事情，使他變成他那種面目。

你目前的一切，原因並不全在於你。你自己不妨默誦約翰．戈福看見一個喝醉的乞丐，蹣跚地走在街道上時所說的這句話：「若非上帝的恩典，我自己也會那樣子。」

富蘭克林曾講述了他自己的一次經歷，來說明同情心的重要：

我有一次發表演說，討論《小婦人》的作者露易莎．梅．艾爾科特。當然，我知道她是住在麻州的康科特，並在那兒寫下她那本不朽的著作，但是，我竟未假思索地貿然說出我曾到新罕布夏州的康科特，去憑弔她的故居。如果我只提到新罕布夏一次，可能還會得到諒解。但是，老天！眞可歎！我竟然說了兩次。無數的信件、電報、短函湧進我的辦公室，像一群大黃蜂，在我這完全沒有設防的頭部繞著打轉。多數是憤慨不平，有一些則侮辱我。

一位名叫卡洛妮亞．達姆的女士，她從小在麻州的康科特長大，當時住在費城，她把冷酷的怒氣全部發洩到我身上。我一面讀她的信，一面對自己說：「感謝上帝，我並沒有娶這個女人。」我眞想寫信告訴她，雖然我在地理上犯了一個錯誤，但她在普通禮節上犯了更大的錯誤。這將是我信上開頭的那兩句話。於是我準備捲起袖子，把我眞正的想法告訴她。但我沒有那樣做，我控制住自己，我明白，任何一位急躁的傻子都會那麼做，而大部分的傻子只會那麼做。

我要比傻瓜高一籌。因此我決定試著把她的敵意改變成善意，這將是一項挑戰，一種我可以玩玩的遊戲。我對自己說：「畢竟，如果我是她，我的感覺也可能跟她的一樣。」於是，我決定同意她的觀點。當我第二次到費城的時候，就打電話給她，向她誠懇地道歉並同意她的觀點。

這種友好的態度使得她也向我道歉，並同意我的觀點，我很滿意，因爲我成功地控制了怒氣，並且以和善的態度來回報一項侮辱。我終於使她喜歡我，因此得到無窮的更眞實的樂趣，如果我當時怒氣衝衝地叫她滾到一旁，跳到斯古吉爾河去自殺，那一切都免談了。

富蘭克林的經歷，有力地說明了富有同情心和友愛在人際交往中的潤滑作用。

每一個人，上至領袖，下至平民，幾乎每天都要遭遇棘手的做人處世的問題。前美國某總統自然也不例外。該總統在他的《服務的道德》一書中，舉了一個例子，詳細說明他如何平息一位既失望又具有野心的母親的怒氣。他寫道：

一位住在華盛頓的夫人，她的丈夫具有一些政治影響力，她跑來見我，纏了我六個多禮拜，要求我任命他兒子出任一項職位。她得到許多參議員及眾議員的協助，並請他們一起來見我，重申對她的保證。這項職位需要具備某些技術條件，於是我根據該局局長的推薦，任命了另外一個人。後來，我接到那位母親寫來的一封信，批評我是世界上最差勁的人，因爲我拒絕使她成爲一個快樂的婦人，而那對我來說只不過是舉手之勞而已。她更進一步抱怨說，她已跟她的州代表商討過了，將投票反對一項我特別感興趣的行政法案，她說這正是我該得到的報應。

當你接到像這樣的一封信時，你馬上會想，怎能跟一個行爲不當或甚至有點無禮的人認眞起來。然後，你也許會寫封回信。如果你夠聰明的話，就會把這封回信放進抽屜，然後把抽屜鎖上，先等上兩天，像這類的書信，通常要遲兩天才回信。經過這段時間，你再把它拿出來，就不會想把它寄出去了。我採用的正是這種方式。

幾天後，我又重新心平氣和地坐下來，寫一封信給她，語句盡可能有禮貌，我告訴她，在這種情況下，我很明白一個做母親的一定十分失望，但是，事實上，任命一個人並不能憑我個人的喜好來決定，我必須選擇一個有技術資格的人，因此，我必須接受局長的推薦。我表示，希望她的獨生子在目前的職位上能完成她對他的期望。這終於使她的怒氣化解，她寫了一張便條給我，對於她寫的那封信表示抱歉。

但是，我送出去的那項任命案，並未立刻獲得通過。一段時間後，我接到一封聲稱是她丈夫的來信，雖然據我看起來，筆跡完全一樣。信上說，由於她在這件事情上過度失望，導致神經衰弱，病倒在床上，演變成最嚴重的胃癌。難道我就不能把以前那個名字撤銷，改由她兒子代替，使她恢復健康？我不得不再寫一封信，這次是寫給她的丈夫。我說，我希望那項診斷是不正確的，我很同情，他的妻子如此病重，他一定十分難過，但要把送出去的名字撤銷是不可能的。我所任命的那個人最後終於獲得通過。在我接到那封信的兩天之後，我在白宮舉行一次音樂會。最先向我致意的，就是這對夫婦，雖然這位做妻子的最近差點「死去」。

諾瑞絲是一位鋼琴教師。她述說了她怎樣處理鋼琴教師和十幾歲女孩子常常會發生的一些問題。她的學生貝貝蒂留著特長的指甲。要彈好鋼琴，長指甲是有妨礙的。諾瑞絲是怎樣使貝貝蒂把自己精心留下的長指甲剪短的呢？

諾瑞絲太太說：「我知道她的長指甲對她想彈好鋼琴的願望是一大障礙。在開始教她課之前，我們談話的時候，根本沒有提到她的指甲問題。我不想打擊她學鋼琴的願望。我也知道她以不失去它引以爲傲，並且花很多工夫照顧，以使它看起來是很吸引人的指甲。」

在上了第一堂課之後，我覺得時機成熟，就對她說：「貝貝蒂，你有很漂亮的手和美麗的指甲。如果你要把鋼琴彈得如你所能夠的以及你所想要的那麼好，那麼把指甲修短一點，你就會發現把鋼琴彈好眞是太容易了。你認眞地想一想，好不好？」她做了一個鬼臉，表示她一定不會把指甲修短，我跟她的母親談到這種情形，也提到了她的指甲很美麗，又得到否定的反應。很明顯的，貝貝蒂仔細修剪過的美麗的指甲，對她來說極為重要。

第二個星期，貝貝蒂來上第二堂課。出乎我的意料，她修短了她的指甲。我讚揚她做出這樣的犧牲，我也謝謝她母親給她的影響。她母親回答說：「哦，我什麼也沒有說。貝貝蒂自己決定的。這是她第一次聽別人勸告修短了她的指甲。」

貝貝蒂知道她的指甲很美麗，要命令她把指甲修短，可以說是非常困難的，但是諾瑞絲太太並沒有這樣做，她只不過暗示貝貝蒂：我很同情你——我知道決定把指甲修短不是一件容易的事，但在音樂方面的收穫，將會使你得到更好的補償。

如果你希望人們接受你的想法和建議，就應該「對他人的想法和願望表示同情。」

富有同情心，不但能展示你高尚情操的魅力，還能為你帶來真誠的朋友，帶來人生的快樂和財富。

7.清除自私狹隘，建立純潔的心靈庇護所

富蘭克林認爲：自私而狹隘的思想，是具破壞力的邪惡力量，是潛伏在人們心中的邪惡使者。相反的，寧靜而純潔的無私思想，是人們蒙上帝所賜給這個世界的天使般的使者。純潔的無私能帶給世界健康、快樂和幸福，與邪惡的所作所爲是全然相反的；它們把賜福的甘露灑在憂愁與悲傷的心上，破碎的心會再一次散發出耀眼的光芒。

所以，要擁有純潔心靈的家園，必須先淨化自己，而要做到這一點，只有貫徹自我檢討和自我分析的過程。要消除自私，必須先對它有所發現，並進一步瞭解。自私是無法自生自滅的。只有光明才可以消除黑暗，只有知識才可以驅散無知，自私也是如此。

如果認識到自私並不代表穩定、安全和平靜，尋找靈魂家園的整個過程，就會轉化爲對一項永恆原則的追求。人們可以安穩地立於這個原則上，擺脫自私中個人的因素，以及在自我心理強制下的暴行和奴役。

一個人在找到「神聖的自我」之前，首先必須願意放棄自己「自私的自我」。必須清楚

地認識到，自私完全不是値得侍奉的主人，不値得堅守不放，只有神聖的美德才値得愛戴，只有純潔的心靈才値得期許，可以將之視爲一生中至高無上的主人。對此，必須有堅定的信心，因爲少了這項要素，就不會有進步或成就了。

要潔身自愛，尋求自我突破，卸下生活的負擔。不管是不斷掙扎求生的貧苦境地（不是自願承受的、爲心靈的聖潔而忍受的貧困，而是來自普通人類生活中的貧困），富有後的患得患失的恐懼，還是黑暗人生中的所有不幸、煩惱和災難，如果想要徹底克服，就一定要拋開自私的心理。

心胸狹隘、心地自私，這些都是自己的敵人。心胸博大、爲公忘私，就是自己的救世主。純潔的心靈能散發神聖的光環，能穿透黑暗、吹散烏雲。放棄私心，能征服整個世界。可見，突破了狹隘的自我，人就可以走出貧困，擺脫痛苦，煩惱、憂鬱、憤懣和孤寂也都將遠離。

脫下自私狹隘的舊衣服，換上萬能博愛的新衣服，人將會跨入美麗的心靈的天堂，生活也因之而幸福。樹立堅定的信念，踏上自我征服的道路，敢於犧牲、勇於奉獻，終將得到喜悅與成功。

8.絕不譭謗他人，毀人者必自毀

富蘭克林認爲：譭謗他人的人，無不以害人的目的開始，以害己的結果告終。毀人自毀，可以說是人世間的一條規律。

自古至今，奸佞小人都善於譭謗他人。這種人，搖唇鼓舌，興風作浪，無中生有，挑撥離間，撥弄是非，致使一些好人蒙受冤屈，丟官去職，身陷囹圄，乃至家破人亡。歷史充滿了辯證法，君不見，毀人自毀，損人自損，汙人自汙，玩火自焚。富蘭克林說：「譭謗他人者，常常是搬起石頭砸自己的腳，落得一個可恥可悲的下場。」

種瓜得瓜，種豆得豆，恐怕是一種規律。自然科學如此，社會科學亦然。愛人者人恒愛之，敬人者人恒敬之；與人爲善者，人亦善之；與人爲惡者，人必惡之。毀人者總是先毀於被毀者，因爲在譭謗他人之前，先毀掉了其自身的人品；在給他人抹黑之前，自己的手先黑了。其卑劣行爲一經暴露，其人格在人們心目中便失去光彩，乃至變得一文不值。

在現實生活中，毀人自毀者是不少見的。這種心術不正、譭謗他人的人，必然樹敵廣、結怨多、積恨深。其結果，或是周圍的人對他側目而視，常存戒心，如避瘟疫；或是被譭謗者奮起回擊，以真憑實據揭穿其險惡用心，使其狼狽不堪、威信掃地；或是因譭謗他人而觸犯了刑律，鋃鐺入獄，飽嘗鐵窗滋味，此乃罪有應得。

毀人自毀，其言甚確！佛經上有一段話生動深刻，值得一讀：「惡人害賢者，猶仰天而唾。唾不至天，還從己墮。逆風揚塵，塵不至彼，還坌己身。賢不可害，禍必滅己。」意思是：惡人譭謗傷害好人，就像仰面向天吐唾沫，最後唾沫反而落到譭謗者的臉上。這也像迎著風向人家撒灰塵，結果灰塵反而回飛到他自己身上。所以，不要譭謗他人，否則，定然是自取其禍。

毀人自毀，至理名言！奉勸有譭謗惡習的人，及早回頭，改惡從善，否則必將被人們所唾棄、所鞭撻、所懲罰！

9. 像愛護生命一樣珍惜自己的名譽

成功人生的創造過程，也是學會做人的過程。做人就應該像天鵝愛惜自己潔白的羽毛一樣，不讓自己的名聲沾上污點。一個人在別人眼中的評論，就像商品的品牌，名譽不同，人生結局也會不同。所以，把握自己的命運，一定要把握好「名譽」這個關鍵。

某布帛商店的經理對人說，他正忙著將整匹的布帛剪成碎段。他說，只要通過廣告大加宣傳，提示人們購買碎段的布頭比按碼計算的布帛便宜得多，就一定可以使人們樂於購買，因之可望坐收大利。

但是試問，一旦顧客發現了此種哄騙以後，還有誰願意再去光顧那位經理的商店呢？有些人相信欺騙、說謊話是一種有利的勾當。他們以爲欺騙的手段是很値得使用的。所以許多聲譽很好的商店，也往往要掩飾自己的商品的缺點、壞處，而登載各種欺人的廣告。有些人甚至以爲在商業場中，欺騙的手段簡直與資本一樣必需。他們偏信，在言行誠實的同時，要想在經營上得到大成功，實在是很難的。

現代新聞界中有一種很不幸的景象，就是個別刊物常有離開事實、渲染事實、牽強附會、顛倒事實的傾向。其實，一家刊物的名譽如同一個人的名譽。如果一家刊物常常有意地刊登騙人的資訊，那麼它必會蒙上「造謠說謊者」的惡名。只有那些不肯離開事實、忠於事實的刊物，才是新聞界中的柱石，它在社會中的地位，要比那些雖銷路廣卻不忠實的刊物好得多。

不為利動，沒有私心，在任何情形下都言行誠信——這種美譽，其價值比欺騙中得來的利益大過千倍。

沒有健全的德性，不能絕對的誠信，這種人是很危險的。他們在平時也許是願意站在正直的一面，但是一到自己的利害關頭時，他們就要離開正直，就要不說正直的話，不做正直事了。

他們不明白，在他們多得到一分金錢的同時，卻損失了一分品格。他們的錢袋中固然是有所增益了，但他們的人格卻是有所減低了！

翻開美國的商業歷史，人們可以看出，五十年以前的大商店，在今日依然存在的幾乎是寥若晨星。那些大商店，在當時好像雨後春筍、生機蓬勃，登各種欺人的廣告，做各種欺人的勾當，眞是盛極一時。然而它們的壽命不能長久，因為它們缺少信譽為後盾。它們終究是不可靠的，一時雖能欺騙得逞，但不久這種欺騙被發現，它們就被冷落、衰微而終至失敗。

天下沒有一種廣告能比誠實不欺、言行可靠的美譽，更能取得他人的相信。一個言行誠實而自覺、又有正義公理為後盾的人，與一個欺騙說誑話而自知其說誑話的人，他們所能發出的力量的大小，真不知要相差多少呀！一個言行誠實的人，因為自覺有正義公理為後盾，所以能夠無愧疚、無畏縮地面對世界。他有「自反而不縮，雖千萬人，吾往矣」的氣概。一個言行不誠實的人，卻會在內心聽到這種聲音：「我是一個誑話者，我不是一個人；我是一個卑污者，一個戴假面具的人。」

不珍惜自己名譽的人是人中的敗類，是墮落的人！

有些青年人，為了取得一些小利小名，會把自己的人格和名譽，像在跑馬場中跑馬一樣肆意揮霍，這豈不是一種最可悲的現象嗎？

一個人有著大宗的財產，然而他卻到處為千夫所指，為萬人所笑。出賣人格，出賣尊榮，出賣名譽，出賣一切有人格的人認為有價值的東西——這樣的人，財產對他有什麼用處呢？

富蘭克林告誡青年：名譽與生命同樣重要，是一種丟失了就永遠不可能找回來的無價之寶。所以，成功的人生必須以名譽為依託，珍惜自己的名譽，才能實現人生的理想。

企業的產品擁有品牌，品牌越著名，價值就越大。個人的名譽也就是人的品牌，名譽越好，個人的價值就越大。那麼，怎樣使個人的「品牌」升值呢？

首先，是千萬不要使你的「品牌」變壞。簡單地說，就是不要使人對你作出不好的評語，例如說你懶惰、喜歡投機、不忠、寡情、好鬥、陰險……。一旦他人對你作出一項或多項這樣的評語，那麼他人對你的信賴程度必定降低，雖然你事實上並不是那樣的人，而在關鍵時刻，這些評語也有可能對你造成傷害。這種品牌印像要改變不太容易，就像我們買東西上了當，以後就不信任那個品牌一樣。這些印像常在無意間造成，人們也常常以「一次印像」來論評你這個人，因此，做人做事必須特別小心，有時一有瑕疵，便一輩子也洗刷不清！商品可以換品牌，重新包裝，人可不太容易！不過，由於刻板印象和個人好惡，可能有一些人特別不欣賞你，盡挑你的缺點，有一兩個這種人不足掛心，但如果很多人都對你這樣，問題恐怕就不小了。

愛惜自己的「羽毛」，創造自己的「品牌」，還要想辦法讓自己的「品牌」升值，也就是積極強化你的品牌。通過各種方法，去塑造你在別人心目中的印像，就像商品做廣告那樣。人的品牌廣告有很多種做法，特意製造一些事件，使自己成爲新聞或同行的談話資料是一種方法，但這不太容易，要做也得花不少心思，如果「操作」得不好，更會弄巧成拙，因此不鼓勵你這麼做。倒是有一些做法可以達到同樣的效果，也就是發揮長處，避免露出短處！長處有目共睹，別人就不太在乎你無傷大雅的短處，例如你工作能力很強，但就是有些自私，有些人也許就欣賞工作能力，而不在乎你的自私，好比家電，耐用、品質好，就不在乎耗電了，於是，「工作能力強」便成爲你的品牌。

中國古代思想家、教育家孔子主張因材施教、有教無類，他廣收門徒，並帶領他們到各國遊歷，增長了見識也擴大了影響，被後世奉爲萬世師表，如果他只在曲阜閉門教書，世人可能不會知道山東有那麼有學問的人。

用專業的語言來說，這就是個人公關策略的應用。

《大不列顛百科全書》給公共關係的解釋為全世界所接受，「公共關係的實施，是一種有目的、有計劃的以及持久的努力，以建立和維護一個機構與公衆之間的相互瞭解。」

個人和一個機構組織一樣，特別是名人，一定要重視公關這一緩解矛盾樹立形象的藝術，它可使你獲益匪淺，反之將會使你付出慘重代價，例如紐約藝術圈中緋聞不斷，但從來沒有關於邦德·魏爾斯的醜聞，潔身自好使他在公眾心中，長期保持良好的形象。

實現了人生理想的成功人士之所以如此珍惜自己的名譽，是因爲他們深知：榮譽與生命同樣重要，是一種丟失了就永遠不可能找回來的無價之寶。

10.別以為誠實的人會吃大虧

富蘭克林指出：在人生的追求中，最聰明的人是最老實的人，惟「誠」可以破迷宮之僞，惟「實」可以破黑暗之虛。

誠實是做人之本，誠實也是立足於社會的重要保證。

日本山一證券公司的創始人小池說：「做生意成功的第一要訣，就是誠實，誠實像是樹木的根，如果沒有根，樹木就別想有生命了。」這確是小池的經驗之談，他正是因誠實而起家的。

小池二十多歲時開小池商店，同時替一家機器製造公司當推銷員。有一段時間，他推銷機器很順利，半個月內便跟三十三位顧客簽訂了契約，並收了定金。之後，他發覺所賣的機器比別的公司出產的同樣性能的機器貴，感到很不安，立即帶訂約書和定金，整整花了三天的時間，逐家逐户説明他賣的機器價錢比別人賣的機器貴，請他們廢棄契約。這使訂户深受感動，結果三十三人中沒有一個廢約，反而對小池極其信賴和敬佩。消息傳開，人們知道小池經商誠實，紛紛前來他的商店購買貨物或是向他訂購機器。

誠實使小池財源廣進，終於成了大企業家。

在許多人心裏，認爲「老實的人吃虧」，「老實就是無用的代名詞」，這種偏見是非常有害的。無數事實證明，誠實的人並不吃虧。

有一則寓言講的是：從前有一位賢明而受人愛戴的國王，把國家治理得井井有條。國王年紀逐漸大了，但膝下並無子女。最後他決定，在全國範圍內挑選一個孩子收爲義子，培養成未來的國王。

國王選子的標準很獨特，給孩子們每人發一些花種子，宣佈誰如果用這些種子培育出最美麗的花朵，那麼誰就成爲他的義子。

孩子們領回種子後，開始精心地培育，從早到晚，澆水、施肥、鬆土，誰都希望自己能夠成爲幸運者。

有個叫傑哈的男孩，整天精心地培育花種。但是，十天過去了，半個月過去了，花盆裏的種子連芽都沒冒出來，更別說開花了。

國王決定觀花的日子到了。無數個穿著漂亮的孩子湧上街頭，他們各自捧著開滿鮮花的花盆，用期盼的目光，看著緩緩巡視的國王。國王環視著爭奇鬥豔的花朵與漂亮的孩子們，並沒有像大家想像中的那樣高興。

忽然，國王看見了端著空花盆的傑哈。他無精打采地站在那裏，國王把他叫到跟前，問他：「你爲什麼端著空花盆呢？」

傑哈抽泣著，他把自己如何精心侍弄，但花種怎麼也不發芽的經過說了一遍。沒想到國王的臉上卻露出了最開心的笑容，他把傑哈抱了起來，高聲說：「孩子，我找的就是你！」

「爲什麼是這樣？」大家不解地問國王。

國王說：「我發下的花種全部是煮過的，根本就不可能發芽開花。」

捧著鮮花的孩子們都低下了頭，他們全部另播下了種子。

世界上假的東西很多，它們在一時間也確實蒙蔽了不少人，但假的終究是假的，經不起眞實的考驗。若要創造理想的人生，靠欺騙手段可能會一時奏效，但遠不如誠實更有用。

一位作家講過這樣一個故事。

由於遺棄或收繳來的自行車無人認領，員警決定將它們拍賣。

第一輛自行車開始競標了，站在最前面的，一位大約十歲的小男孩說：「五美元。」叫價持續了下去，拍賣員回頭看了一下前面的那位男孩，他沒還價。跟著幾輛也出售了，那小男孩每次總是出價五美元，從不多加。不過五美元實在太少了，因爲每輛自行車最後的成交價幾乎都是三四十美元。

漸漸地，人們都感到奇怪。暫停休息時，拍賣員問男孩爲什麼不再加價，小男孩說自己只有五美元。

拍賣快結束了，現場只剩下最後一輛非常漂亮的單車，拍賣員問：「有誰出價嗎？」這時，站在最前面，幾乎已失去希望的小男孩輕聲地又說了一遍：「五美元。」拍賣員停止了唱價，觀眾也靜坐著，沒人舉手，也沒有第二個價。最後，小男孩拿出握在手中，已被汗水浸得皺巴巴的五美元，買走了那輛全場最漂亮的自行車。

現場的觀眾紛紛鼓掌。任何人在現場都會被感染而爲那個小孩鼓掌的，因爲像他那樣坦坦蕩蕩地去競爭的人實在太少。

亞瑟因·佩拉托雷現在是曼哈頓航運線的老闆。至今，他仍然記得在他十歲時發生的一件事。

那年正是經濟大蕭條時期，他在一家糖果店工作，每天要向一百家商店遞送特別食品，幹十二小時的工作只能賺到一個三明治、一杯飲料和五十美分。

一天，他在桌子底下拾到了十五美分，並把它交給了老闆。老闆拍著他的雙肩承認，錢是他故意放在那兒的，以看看他是否值得信任。後來，佩拉托雷一直爲這個老闆工作到上完高中，是他的誠實，使他在美國經濟最困難的時期保住了自己的工作。

在後來的年代裏，他又幹過許多工作：侍者、房屋清潔工等。再後來，當他自己的卡車生意掙扎著度過四個連續虧損的慘澹之年時，他就會回想起在糖果店裏學到的關於信任的一課。

誠實的人不會吃虧，自以為聰明、自以為得意愛騙人的偽君子，最終會走失自我。

第六條 PART 06 謙遜

摒棄驕傲與自滿，讓心胸像大海一樣容納百川

不謙遜只能有一個解釋，
即缺少謙遜——就是缺少知識。
對於各種習氣，再沒有一種像克服驕傲習氣那麼難了。
雖極力藏匿它、克服它、消滅它，
但無論如何，
它在不知不覺之間，仍舊顯露。

1. 謙遜是人生不可缺少的品質

富蘭克林指出：謙遜是不可缺少的品德。

有位名叫克里斯的美國總統，生平有一則膾炙人口的軼事，從中人們可以發現：謙遜既是一種品質和美德，又是一種價值和資本。

克里斯在阿姆斯特大學的最後一年，獲得了一枚金質獎章，它是由美國歷史學會頒發的榮譽。這在全美國來講，也是人人欽羨的。可他沒有向任何人炫耀，甚至連自己的父母都沒告知。畢業後，聘用他的法官伏爾特，無意中從六周以前一份雜誌中發現了這一記載。這使他對克里斯備加讚賞與青睞，不久便給了他一個很重要的職位。

在克里斯的全部事業中，從一名小小的職員一直上升爲著名的總統，常以這種眞誠謙遜的風貌出現在眾人眼裏。他的身價也由此而高。

可見，在平素以眞誠謙遜待人，博得大眾的好感，爲自己事業的騰飛奠定基礎，最終會爲自己贏得極大的成功。

有人說，「天賦的謙遜」是美國南北戰爭時期、南方聯盟的戰將傑克遜顯著的特性和優秀的品質。

還在西典軍官學校時，他便以謙遜著稱。「石城」戰役，本來是他指揮的，但他卻一再堅持說，功勞應屬於全體官兵，不屬於他自己。還有，在墨西哥戰鬥中，總司令斯哥托對他的指揮能力予以了極高的評價，而傑克遜從未向任何人提起過這事。

不過，傑克遜並不是視功名如糞土，從墨西哥戰爭開始時他給他姐姐的一封信中，便可以看出，他充滿了樹立聲譽、博得大眾注目的計畫，因為那個時候他只不過是一個徒有其名的副官。在他後來的事業進程中，這位勇敢、謙遜而聰明過人的人，巧妙地運用了他向上進取的每一計畫，使斯哥托將軍對其大有好感，並不斷得到提拔。

對此，我們不難看出，傑克遜的謙遜的兩重性與克里斯何等相似！這些人所不願聲張的，只是那些一定會為人所知道的事情。而當他的至關重要的功績被人們忽略時，他們也會立即採取必要的行動來標識自己的——只是，這是一種實事求是的標識罷了。

所以，只有目光短淺、胸無大志的人，才會時時標榜自己做了什麼，有時為了標識自己，甚至在大眾面前掩飾自己的過失。像傑克遜、克里斯等偉大的人物可不是這樣，他們都能超脫這種淺薄的虛榮。他們深知，人們所樂意接受和尊敬的是謙遜的人。

保持謙遜的品德，對於人際交往有著不可忽略的作用。

一個背著自負自傲沉重包袱的人，他的友誼財富必然少得可憐。這裏，謙遜須以坦誠爲基礎，否則就難免陷入虛僞的泥潭。比如討論問題時，明明自己有不同意見，爲表謙遜而不明白說出，或者呑呑吐吐、言而不盡；對方批評自己時，當面唯唯稱是，背後卻又發牢騷。

再者，還應劃清兩個界限。一個是謙遜與虛榮的界限。如果一個人故作謙遜姿態，以求得到「謙遜」的美譽，就是虛榮的一種常見的表現。這種虛榮心一旦被對方察覺，還哪裡會有愉快的交往可言？再一個是謙遜與諂媚的界限。有些人在交際時，愛向對方說一些言不由衷的溢美誇飾之詞，以爲只有這樣才顯得自己彬彬有禮，謙恭而有教養。殊不知，過分溢美，幾近諂媚。正如富蘭克林所說的一樣：「雖說諂媚也可造成協調，但這種協調是借奴性的無恥的罪過或欺騙所造成。」

一句話，謙遜是通往成功和贏得人們尊重的最重要的品質之一。

2.最謙遜的時候，也就是最接近偉大的時候

富蘭克林認爲：「當一個人最謙遜的時候，也就是他最接近偉大的時候。」相對的，當一個人最狂妄自大的時候，也就是他最遠離偉大的時候。

日本古代的戰國英雄德川家康，身爲小諸侯之子，幼爲人質，受盡寄人籬下遭人欺凌之苦。他在豐臣秀吉掌政時期，謙卑自處了十七年，在其子繼位後，又謙卑自處了十七年，前後總共三十四年才得以嶄露頭角，他的謙忍功夫可以說是後人所望塵莫及的，然而他「不鳴則已，一鳴驚人；不飛則已，一飛沖天」，終於成就了兩百多年的霸業。

德川家康的謙卑哲學，也成就了他的偉大。

並不是大人物才能夠跟偉大沾上邊的，加州有一位農業獎的得主，個子矮小，外貌平庸，經營有機蔬菜有成，深獲政府的獎勵。他堅持不用農藥、不用化學肥料、不用生長激素，以良心來保障每一位食用者的健康，雖然金錢、體力付出更多，利潤更少，但他卻樂此不疲。從他暢談理想時的眉飛色舞，到應對之間的謙恭自信，人們彷彿看到的不是一位矮小

黝黑的農場主，而是一位道德高尚的偉大巨人。

偉大，是道德的意蘊，而不是世俗的稱謂，每一個小人物只要有心、有德，都可以成就「偉大的事業」。比起這位默默為人、謙恭自信的農場主，社會上很多有頭有臉的大人物，狂傲、自大、為我、利己，相較之下，是不是會覺得慚愧呢？

人，在宇宙中的定位真的是很渺小的。人一輩子能走遍五大洲，已屬難能可貴，但再想想，地球只不過是太陽系裏面的一個小小成員而已，走遍全世界又算得了什麼？而太陽系也只不過是銀河系的一粒沙而已（一百億分之一），銀河系之外又有無量無邊的「銀河」系……；所以，比起大宇宙，人類真的是渺小得可憐。人千萬不要以為自己是「多麼重要的存在」，沒有了你，絲毫不妨礙地球的自轉與公轉，也不妨礙太陽系繞行銀河系，更不妨礙銀河系在宇宙中的永恆運行。當人們面對著一望無垠的大海時，已能體會出自己的渺小與卑微，更何況仰望著無窮無盡的蒼穹，那裏面有多大的時空有待人們去探索？有多少真理與智慧有待人們去發掘？人們所能做的，真的只是「謙遜」二字而已；人們所能知的，真的只是「慚愧」二字而已。

西方哲人說：「成熟的麥穗才下垂。」

富蘭克林強調：一個真正成熟、有智慧的人，深知自己能力的局限，所以絲毫不敢狂妄自大，待人處世永遠保持著謙遜與低調。

3.拒絕謙遜，無異於阻礙進步、窒息成功

富蘭克林認為：謙遜是一種美德，又不止於此。謙遜對於每一個人都是需要的。拒絕謙遜無異於阻礙進步、窒息成功。

每個人不如人的地方很多，不如的人也很多。這就是「虛」。「虛」是一個事實，「謙」是一種態度，謙遜就是對這一事實的態度。謙遜並不只是承認自己的不足與無知，更表現出一種積極進取的態度。虛懷若谷，是知其不足的彌補，是知其無知後的不懈努力！中國古代有「昔仲尼，師項囊」的故事。項囊問孔子：什麼火沒有煙？什麼水沒有魚？孔子不知，向項囊請教，項告訴他：螢火沒有煙，井水沒有魚。要知道孔子是聖哲，而項囊只是個「小毛孩子」！「聞道有先後，術業有專攻」，孔子沒有取笑他「乳臭未乾」，而是虛心求教。聖人大道如此，讓人欽佩不已！

人生有限，精力有限，而知識無窮。人不可能涉足各個方面，涉足每一個領域。俗話說：「隔行如隔山」，「山那邊的風景」對我們來說是「虛」，是「無知」，我們不能不謙以

待之。即使在自己的領域內，也有「五十步」和「一百步」的問題。「五十步」當然要謙遜地向「一百步」學習；但「一百步」也還有「百尺竿頭，更進一步」的需要。西方一位哲人告誡弟子要謙遜，以大圓中套小圓為喻，闡述說：知道的越多，接觸的未知也越多。這真是偉大的謙遜態度！

人們譏笑人不謙遜時說他是「半瓶醋」，「半瓶醋」是典型的「虛而不謙」。進一步想，即使「滿瓶醋」又有什麼呢？「瓶子」之外還有「桶」、還有「缸」，謙遜也是無止境的吧！何必等到「望洋興嘆」之後才悔悟呢？心中留一定的空間，「虛席以待」，去受益、去充實，是色彩斑斕的人生！反之，則寡味枯竭了。

再看看人家蒙田，他是文藝復興時期法國的思想家、散文家，有「散文之父」之稱，他潛心探求學問，從不抱死教條，腦中常有一個問號——我知道什麼呢？

大師尚且如此，我們又有什麼可驕傲的呢？

4.要謙遜，但不要任何虛偽的謙遜

富蘭克林認爲：眞正的謙遜，是人的一種最好的品性，因爲謙遜而有自知之明，知道在這廣大的世間、複雜的社會裏，一個人的能力和頭腦實在太簡單、太渺小了，不夠去解決人世間一切的問題，只能盡己所能、誠懇地去幹本分以內的工作，勇敢地去研究所能解決的問題。偶有所得、偶有成就，絕不誇張，因爲他知道他的所得和成就，和過去別人的所得成就比較起來，眞是微乎其微、毫不足道。這樣積極的謙遜的人，才是最高尚、最可欽佩的人。

然而，眞正的謙遜是很難得的，因而成了一種寶貴的東西，所以就有許多假的來冒充，使人世間發生了許多不幸和煩惱。這假冒的東西是什麼呢？就是大家所不喜歡的虛僞！

現在，我們從心理學上來研究探索這虛僞的發生和效果：

古代的羅馬人就已知道：「誰愛一個常爲苦痛所困的人呢！」他們實在是最早的無意識的心理學家，他們攻擊這些常爲苦痛所困的人，希望這些人絕跡於世間，然而他們失敗了。這些人不但沒有因爲他們的攻擊而絕跡，而且這些人的勢力至今越發強大了。當然，所謂

「常爲苦痛所困」的人，自不能比之於早年的基督教的殉難者。這猶如科學界中的犧牲者，他們犧牲了自己的生命，方使人類得到幸福、免除災難；自不能比之於安坐在家裏、終日鬱悶受苦的人，因爲庸人的受苦和煩悶，對於人類社會的福利一無貢獻，他們雖然謙遜，卻是虛僞的謙遜。

希臘大哲學家蘇格拉底曾經講過謙遜的光榮給他的學生聽。他竭力攻擊人類裝腔做勢，用假的優勝來彌補他們的缺點，用虛僞的自尊來掩飾他們的卑劣。所以，他對於穿了漂亮的衣服在窮人面前端架子的學生，會大加叱責其行爲的荒謬；反之，如有一個實在富有而且心理也以富有爲光榮的人，卻在窮人面前裝出一副窮酸相來的時候，他也要叱罵他的虛僞。

虛僞的謙遜，其卑劣較之自誇還要厲害，因爲自誇是自私自利的直認，而虛僞的謙遜者的卑劣行爲，他還自認是一種德性呢！虛僞的謙遜，可以引到自動的殉難的路上去，然而這種自動的殉難，心理學家和精神病專家告訴我們，是和變態的性欲狂一樣；變態的性欲狂者是以被異性所奴役、所虐待或傷害爲快樂的。這樣的人，當沒有苦痛加到他身上的時候，他會自己虐待自己、自己責罰自己。

世上沒有一個人，謙遜到甚至不能幫助他人的程度的；如果有，便是虛僞的謙遜。

虛偽的謙遜，是一種惡習，絕不是德性。一個人藉此可以逃避一切義務和責任，推託一

切合作和事業。因為真正的謙遜，是從一個人的力量和成就中感覺出來的。

富蘭克林告誡青年：一個人要獲得人生的成功，就必須堅決剷除任何虛偽的謙遜。

5.任何時候都不要狂妄傲慢

富蘭克林認爲，狂妄傲慢與無知常常聯在一起。俗話說：「鼓空聲高，人狂話大。」凡是狂妄傲慢的人，都過高地估計自己，過低地估計別人。他們口頭上無所不能，評人論事誰也看不起，總是這個不行，那個也不行，只有自己最行；在他們眼裏，自己好比一朵花，別人都是豆腐渣。有的人讀了幾本書，就以爲才高八斗、學富五車，無人可比，現時的文學大家、科學巨匠全都不在話下；有的人學了幾套拳腳，就自以爲武功高強、身懷絕技，到處稱雄，頗有打遍天下無敵手的氣勢；有的人演過一二部電影，就自以爲演技超群、名揚四海，儼然是當代影視圈中最耀眼的明星……

狂妄傲慢是驕狂與怠慢兩種情緒的結合體。狂妄是目中無人的盲目行為，傲慢是不自量力的狂妄舉動。

狂妄傲慢是粗俗。它嘩眾取寵、盛氣淩人，往往擺出「趾高氣揚，不可一世」的俗態。

狂妄傲慢是無知。它庸俗淺薄、狹隘偏見，表現出夜郎自大的心態，是虛榮和一知半解結合的怪物。

狂妄傲慢是愚蠢。它故作高深、附庸風雅，其實是井底之蛙的仰望，是矯揉造作的不高明的表演。

狂妄傲慢是自負。它會使人覺得難於接近，只得敬而遠之，或避而躲之。

狂妄傲慢是流沙。它常常導致事業大廈的垮塌。

狂妄傲慢的結局是自毀、是失敗，這是被無數事實證明了的客觀規律。

法國歷史上的風雲人物拿破崙，屢次以少擊多、出奇制勝，被人視爲「戰爭之神」。他因此越來越狂，武斷專橫，爲所欲爲，終於在親率六十萬大軍進攻俄國時，被打得一敗塗地，後來被流放到聖赫勒拿島。看來，一個人不管有多大本事，只要一狂，就會倒楣；如果狂到底，必然徹底垮掉。

在現實生活中，無知者狂妄，當然令人鄙夷；就是有一些本事的人，狂起來也毫無益處。有了本事，自視過高、進而發狂，表面看來，似乎狂得有點「道理」，其實，這是不知天高地厚的淺薄氣在作怪。他們不懂得「天外有天、山外有山」的道理，妄自尊大，總想出人頭地露一手。豈不知，等待自己的只能是摔大跟頭。

所以，人生在世，總是謙遜一些、謹慎一些，多一點自知之明爲好。人們常說「天不言自高，地不言自厚」。自己有無本事，本事有多大，別人都看得見，心裏都有數，不用自吹，更不能狂妄。看看那些成績斐然，爲人類社會做出重大貢獻的著名科學家們，看看那些功力深厚、飲譽世界的藝術大師們，他們當中，絕少有人認爲自己具有足夠資本可以狂一狂的；他們倒是非常自知而又非常謙遜。所以，我們的行動準則，應是「戒驕破滿」，爲人忌狂傲。

要做到不狂妄傲慢，需要注意如下兩點：一是認識自己；二是平等待人。防止狂妄傲慢首先要認識自己。一個人要正確認識自己是很不容易的。狂妄傲慢的人要麼自以爲有知識而清高，要麼自以爲有本事而自大，要麼自以爲有錢財而不可一世，要麼自以爲有權勢而壓人。殊不知，山外有山，樓外有樓，還有能人在前頭。人貴有自知之明。古今中外成大事業者，都是虛懷若谷、好學不倦，從不傲慢的人。

與人交往，一定要做到平等待人。平等待人不僅是文明禮貌的行爲，也是人品修養的天平。平等待人是針對傲慢無理而言的。它要求人們在社會交往中，不管彼此之間的社會地位和生活條件有多大的差別，都一視同仁。待人要切忌「勢利眼」。古人說：「不諂上而慢下，不厭故而敬新」，就是告訴我們，待人時不應用卑賤的態度去巴結逢迎有權勢、有錢財的人，而怠慢經濟條件較差、社會地位不高的人。人本無高低貴賤之分，每個人都有自己的人格，人格作爲人的一種意識和心理，深深地附著在人的身上，需時時加以維護。人格的基本要求是不受歧視、不被侮辱，即要求平等。

富蘭克林指出：如果不願遭到別人的反感、疏遠，那麼，就切勿狂妄傲慢。如果人人都注意加強品德修養，人人都謹防狂妄傲慢，那將會使人際關係更加和諧，使生活更加幸福和愉快。

6.沿著謙遜的階梯一步步地攀升

在現實世界中，一個人的道德與才能，如果沒有人知道，並不能得到好的回報。過度的謙遜不僅是在欺騙自己，也是在欺騙別人，更是對自己能力的詆毀。所以，謙遜與適時的自我肯定相結合，才是一個人獲得成功的重要途徑。

謙遜的人恪守的是一種平衡關係，即讓周圍的人在對自己的認同上，達到一種心理上的平衡，讓別人不感到卑下和失落。非但如此，謙遜有時還能讓人感到高貴，感到比其他人強，即產生任何人都希望能獲得的所謂「優越感」。所以，不讓別人感到失落和使人產生優越感的秘訣之一，便是在他面前恰當地表現自己的謙遜。

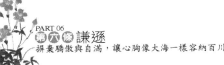

謙遜的人不易受別人排斥，容易被社會和群體吸納和認同。

一個功成名就而又謙遜得當的人，身價定會倍增。人絕不該自高自大、自鳴得意和自以爲是，應該謙遜謹慎。因爲知識是無窮的，沒有任何一種力量能夠永遠戰勝未來。未來才是不驕不躁的裁判官，一切「自以爲是」的驕傲情緒，都會在這裏被無情地降溫和折服。

大發明家愛迪生有過一千多項改變人們生產和生活方式的發明，被譽爲「發明王」和「一代英雄」。但他在晚年，由於越來越嚴重的驕傲情緒，使他恰恰是在最志得意滿的領域裏，犯了形而上學的大錯誤。他固執地堅決反對交流輸電，一味堅持直流輸電，結果導致慘敗。原來以他命名的公司，不得不改爲「通用電器公司」，而實行交流輸電的西屋公司，至今仍保留著。

這眞是「英雄遲暮，驕則自誤」。

錯誤有多種。有些錯誤源於無知，而有些錯誤則根植於驕傲。被勝利沖昏了頭腦，評判事物的尺規就會失衡。所以，即便是取得了一定成就的人，也不應該自鳴得意和沾沾自喜。不論是僥倖使然，還是經過長期苦鬥終於取得了成功，心中充滿巨大的快樂，以至於一時間欣喜若狂，都是可以理解的。但是如果一個人因一次成功，就一直欣喜若狂，一直得意洋洋，到處顯耀自誇，總是表現出一種優勝者的得意忘形和驕傲自滿，人們即使不至於說他是瘋子，大概也絕不會敬佩他，只會鄙視他。

如果自鳴得意者只是一種優勝良好的自我感覺，而且能以此不停頓地勇敢向前進擊，這當然是一種美好的心理狀態，在這種心理狀態下，他可以不斷地取得新的成功。但一般來說，不謙遜的人很難把自己的感覺控制在這個境界。恰恰相反，他只是自以爲了不起，而不知道天外有天、人外有人，因而駐足不前。

不謙遜的人大多不能正確地看待自己，並且最容易走進自己重覆自己的怪圈。因爲他被自己頭上的那層光環迷住了雙眼，有些眼花繚亂，有些飄飄然，頭重腳輕，搖搖晃晃，如同醉漢。伴隨著歲月無聲的流逝，他自以爲已經走了很遠的路，有一天當他突然醒來一看，才知道自己還停留在當初的起跑線上。也許直到那時候，他才會發現，山上已是旌旗招展，他卻仍然躺在山下的池塘邊，顧影自憐；也許直到那時候，他才會爬起來，扔掉頭上的光環，走出怪圈，奮勇前行。

富蘭克林告誡青年：在人生的道路上，當驕狂自得的時候，你需要摸一摸自己的頭頂，是哪一層光環迷住了自己的雙眼，及早把它扔掉，會輕鬆許多。

7. 別因一時的成功而衍生自滿自大的情緒

富蘭克林說：在人類的生活中，與人類最對立的是自滿的人。巴爾扎克也說過：自滿、自高自大和輕信，是人生的三大暗礁。的確，一個自滿自大的人，會使人性中最美好的謙遜的品質喪失貽盡，如果是一個小有成就或取得過成功的人，跟自滿自大交上了朋友，他的下場將會更加可悲。

英國一位學者對四十三位諾貝爾獎獲得者作了追蹤調查，發現這些人在獲獎前，平均每年發表的論文數爲五至九篇，獲獎後則下降爲四篇。有的政治家取得一系列成功後，因過分自信而造成重大失誤；有的作家寫出一兩篇佳作後，再無新作問世。

原因固然很多，但不能正確對待成功，不能說不是一個重要原因。只有那些不斷超越成功的人，才能不斷取得偉大的成功。牛頓把自己看做在眞理的海洋邊揀貝殼的孩子。愛因斯坦取得成績越大，受到稱譽越多，越感到無知，他把自己所學的知識比作一個圓，圓越大，它與外界空白的接觸面也就越大。科學無止境，奮鬥無止境，人類社會就是在不滿足已有的成功中不斷進步的。

也有些人對成功的理解有問題。成功是什麼？有人認爲是金錢，有人認爲是地位，有人認爲是榮譽……。有許多人認爲他們已經得到了所有的社會價值，並認爲他們是社會的要人。因之，「他們像心滿意足的母牛——他們已停止了生長，終止了學習。」難道這是成功嗎？難道這就是人來到這個世界應當爭取的全部嗎？

曾就讀於劍橋大學的著名律師威廉斯指出：「我認爲『成功』或者『勝利』這個詞的定義，是最大限度地發揮自己的能力——包括自己的體力、智力以及精神和感情的力量，不論自己做的是什麼事情。如果做到了這一點，就可以感到滿足，便是個成功者了。」

牛頓說：「如果說我看得比其他人遠，那是因爲我站在巨人的肩膀上。」偉人尚如此謙遜，我們又有什麼理由自滿自大呢？

8. 成功後，不要獨享榮耀

富蘭克林說：當你獲得榮譽時，如果其中也有他人的功勞，那你就不要獨自享受，否則，你也許有一天會獨吞苦果！

俗話說，有福同享，有難同擔。當你在工作和事業上幹出點名堂、小有成就時，這當然是值得慶倖之事，你也應當爲自己高興。但是有一點，如果這一成績的取得是集體的功勞，或者離不開他人的幫助，那你千萬別獨佔功勞，否則他人會覺得你好大喜功，搶佔了他人的功勞。如果某項成績的取得，確實是你個人的努力，當然應該值得高興，而且他人也會向你祝賀。但對於你來說，千萬別高興得過了頭，一來可能會傷害有些人的自尊心，另一方面，現實社會中害「紅眼病」的人不少，如果你過分狂喜，可不逼得人家眼紅嗎？所以，當你在工作上有特別表現而受到肯定時，千萬要記住一點——別獨享榮耀，否則這份榮耀會給你的人際關係帶來障礙。當你獲得榮耀時，應該做到以下幾點：

1. 感謝他人

要感謝同仁的協助，不要認爲這都是自己的功勞。尤其要感謝上司，感謝他的提拔、指導、授權。如果實情也是如此，那麼你本該如此感謝；如果同仁的協助有限，上司也不值得恭維，你的感謝也有必要，雖然顯得有點虛僞，但卻可以使你避免成爲他人的箭靶。

2.與人分享

即使是口頭上的感謝，也是一種分享，而且你也可以擴大這種「分享」的對像，反正「禮多人不怪」！當然，別人倒並不是非得要分你一杯羹，但你主動與人分享，這讓旁人有受尊重的感覺，如果你的榮耀事實上是眾人協力完成，那你更不應該忘記這一點。你可以採取多種方式與人分享，如請大家吃幾顆糖，或請大家吃一頓飯。別人分享了你的榮耀，自然不會和你作對了。

3.為人謙卑

有些人往往一旦獲得榮耀，就容易忘了自己是誰，並從此自我膨脹。這種心情是可以理解的，但旁人就遭殃了，他們要忍受你的氣焰。可是慢慢地，他們會在工作上有意無意地抵制你，讓你碰釘子。因此，有了榮耀時，要更加謙卑。不卑不亢不容易，但「卑」絕對勝過「亢」，就算「卑」得過分也沒關係，別人看到你如此謙卑，當然不會找你麻煩，和你作對了。

其實，別獨享榮耀，說穿了就是不要去威脅別人的生存空間，因為你的榮耀會讓別人變得黯淡，產生一種不安全感。而當你獲得榮譽時，你去感謝他人、與人分享、為人謙卑，這正好讓他人吃下了一顆定心丸，人性就是這麼奇妙。

當你在別人幫助下獲得人生榮耀時，一定要記住：只有與人共用，才能長久享有，一旦你獨享榮耀，那麼總有一天榮耀會不翼而飛！

國家圖書館出版品預行編目資料

寧靜致遠：富蘭克林的人生守則／高飛飛著. -- 1 版. -- 新北市：華夏出版有限公司, 2022.11
面； 公分. --（Sunny 文庫；265）
ISBN 978-626-7134-49-8（平裝）
1.CST：修身 2.CST：生活指導
192.1 111012434

Sunny 文庫 265

寧靜致遠：富蘭克林的人生守則

著　作　高飛飛
印　刷　百通科技股份有限公司
　　　　電話：02-86926066 傳真：02-86926016
出　版　華夏出版有限公司
　　　　220 新北市板橋區縣民大道 3 段 93 巷 30 弄 25 號 1 樓
　　　　電話：02-32343788 傳真：02-22234544
E-mail：pftwsdom@ms7.hinet.net
總 經 銷　貿騰發賣股份有限公司
　　　　新北市 235 中和區立德街 136 號 6 樓
　　　　電話：02-82275988 傳真：02-82275989
　　　　網址：www.namode.com
版　次　2022 年 11 月 1 版
特　價　新台幣 320 元（缺頁或破損的書，請寄回更換）

ISBN：978-626-7134-49-8